John P. Kotter

Wie Manager richtig führen

Harvard bei Hanser

Herausgegeben von:
Bolko v. Oetinger,
The Boston Consulting Group GmbH & Partner

Bolko v. Oetinger ist ein Senior Vice President der Boston Consulting Group, einer der führenden, weltweit tätigen Unternehmensberatungen. Bolko v. Oetinger ist Direktor des BCG Strategie-Instituts und leitet BCGs Kronberger Strategiekonferenzen. Seine zahlreichen Veröffentlichungen zu Fragen der Unternehmensstrategie beinhalten u. a. 1993 das *Boston Consulting Strategiehandbuch* (Econ) und 1997 gemeinsam mit Heinrich v. Pierer *Wie kommt das Neue in die Welt?* (Hanser).

Bisher erschienene Titel:

John Seely Brown / Bolko v. Oetinger (Hrsg.): *Ergebnis Innovation*
Rosabeth Moss Kanter (Hrsg.): *Bis zum Horizont und weiter*
Bolko v. Oetinger (Hrsg.): *Strategien für die neue Weltwirtschaft*
Dave Ulrich (Hrsg.): *Strategisches Human Resource Management*

John P. Kotter

Wie Manager richtig führen

Carl Hanser Verlag München Wien

Redaktion: Klaus Feiten

Titel der Originalausgabe:
»John P. Kotter on what Leaders Really Do«

Die Deutsche Bibliothek – CIP-Einheitsaufnahme

Kotter, John P.:
Wie Manager richtig führen / John P. Kotter.
München ; Wien : Hanser, 1999
(Harvard bei Hanser)
Einheitssacht.: John P. Kotter on what leaders
really do <dt.>
ISBN 3-446-21266-3

Internet: http//www.hanser.de
Umschlaggestaltung: MCP Agentur für Marketing Communications Production, Susanne Kraus, Holzkirchen unter Verwendung eines Bildes der Bavaria Bildagentur GmbH, Gauting bei München
Satz und Gestaltung: Hartmut Czauderna, Gräfelfing
Druck und Bindung: Druckhaus »Thomas Müntzer« GmbH, Bad Langensalza
Printed in Germany

Inhalt

Die Frage der Führung zu Beginn des neuen Jahrhunderts

Seit 30 Jahren studiere ich das Handeln von Menschen, die Organisationen leiten. Mein Ziel war und ist zu klären, was Führungskräfte tun, warum sie es tun und welche Auswirkungen ihr Handeln auf andere Menschen und Unternehmen hat. Zu Beginn meiner Arbeit habe ich mich nicht ausdrücklich auf den Begriff »Führung« konzentriert. Tatsächlich taucht das Wort *leadership* in meinen frühen Schriften kaum auf. Dennoch bewegten sich schließlich all meine Anstrengungen auf dieses Thema hin – ein aufschlußreicher Hinweis auf die Evolution der Tätigkeit, die wir allgemein »Management« nennen.

Nach 14 großen Studien, mehr als 1000 Interviews, direkter Beobachtung der Arbeit Dutzender von Managern und zahllosen Erhebungen bin ich völlig überzeugt, daß die meisten Organisationen heute an einem Mangel an Führungskräften leiden. Ich spreche nicht von einem Defizit von 10 Prozent, sondern von 200 oder 400 Prozent, und zwar auf allen Hierarchieebenen. Es ist nicht so, daß die Inhaber von Führungspositionen heutzutage zu wenig Talent oder Energie hätten. Im Gegenteil – es sind kluge, erfahrene und hart arbeitende Menschen, teilweise außerordentlich fähig. Fast alle versuchen, das ihrer Erkenntnis nach Richtige zu tun. Das Problem ist, daß viel zu wenige dieser Manager das heute überall auf der Welt in Unternehmen und Regierungen erforderliche Führungsverhalten an den Tag legen.

Oft wird behauptet, daß in der Geschichte immer ein Mangel an echter Führung geherrscht habe. Das mag stimmen oder nicht, Tatsache ist, daß der zunehmende und immer schärfer werdende Wettbewerb im 21. Jahrhundert immer mehr Menschen mit immer besseren Führungsqualitäten verlangt, um die Unternehmen erfolgreich zu machen. Ohne diese Führung stagnieren die Organisationen, verlieren ihre Richtung und müssen schließlich schwerwiegende Konsequenzen tragen.

Das Hauptproblem ist dabei nicht eine Frage des Stils. Oft höre ich, daß wir einen »neuen Führungsstil« für das neue Jahrhundert bräuchten. Dies ist insofern richtig, als unsere Welt durch zunehmende Globalisierung gekennzeichnet ist und immer besser ausgebildete Arbeitskräfte, die nicht länger bloße Befehlsempfänger sein wollen. Beim zentralen Führungsproblem geht es jedoch nicht um Stil, sondern um Substanz. Es geht um das Grundverhalten bei der Arbeit, nicht um oberflächliche Details und Taktiken, und dieses Kernverhalten bleibt in verschiedenen Epochen, Kulturen oder Branchen im wesentlichen gleich.

Es gibt Stimmen, die die Konsequenzen von unzulänglicher Führung für unbedeutend halten, weil so viele Faktoren innerhalb und außerhalb des Unternehmens Auswirkungen auf die Gesamtleistung haben. Natürlich tragen im allgemeinen viele Faktoren zu den Ergebnissen einer Organisation bei; die meisten dieser Faktoren können jedoch von guter oder schlechter Führung beeinflußt werden. Wenn dieser Einfluß in die falsche Richtung oder trotz raschen Wandels in gar keine Richtung weist, oder wenn die Orientierung zwar stimmt, aber die nötige Geschwindigkeit fehlt, dann drohen tragische Konsequenzen. In extremen Fällen können Unternehmen scheitern, Arbeitsplätze verlorengehen, Kunden, Gemeinden und Kapitalinteressen Schaden nehmen und Karrieren zusammenbrechen. In weniger extremen Fällen bleiben Firmen unter ihrem Optimum; sie weisen, wenn auch abgeschwächt, die gleichen Symptome wie ihre kränkeren Leidensgenossen auf. Das Versagen manifestiert sich in Zahlen, die manchmal leicht zu interpretieren sind, oft aber einer genaueren Betrachtung bedürfen. So kann beispielsweise ein Unternehmen ein Ergebnis erzielen, das im wesentlichen dem Wettbewerbsdurchschnitt entspricht – eigentlich hätte es aber angesichts seiner Aktiva und seiner Ausgangsposition wesentlich besser abschneiden müssen.

Dramatischer als alle Zahlen sind die Schicksale der Menschen, die unter tyrannischen, inkompetenten oder selbst unter wohlmeinenden Chefs leiden, deren Unfähigkeit zu führen das Schiff zum Sinken bringt. Die Schmerzen – ob publik gemacht oder still ertragen – können beträchtlich sein, wenn Menschen ihre Arbeit verlieren, sei es durch inkompetentes Reengineering oder bei dem Versuch, unter großem Streß ein wankendes Fundament zu stützen.

Konfrontiert man das Topmanagement von Organisationen mit diesen Tatsachen, so stößt man meist auf offenen oder stillschweigenden Widerspruch. »Wir könnten ja besser sein, aber ...«; »Der Wettbewerb zwingt uns, zu ...«; »Was erwarten Sie in einer Branche, die ...«. Mit diesem einfachen »Konfrontationstest« lassen sich bereits in vielen Fällen die Manager herausfiltern, die verstehen, was effektive Führung bedeutet.

Der Mangel an echten Führungskräften hat viele Ursachen, und eine Behebung des Problems ist aus vielen zusätzlichen Gründen schwierig, nicht zuletzt aufgrund der Komplexität der Materie. Das Problem ist jedoch nicht, daß es an Menschen mit Führungspotential mangelte. Selbst wenn nur einer von hundert über irgendwelche Fähigkeiten in dieser Hinsicht verfügte, gäbe es weltweit Dutzende von Millionen von potentiellen Führungskräften. Davon sind wir heute weit entfernt – eine Tatsache, die uns nachdenklich machen sollte. Die Schuld tragen das Bildungssystem, die Organisationsformen der Arbeit und wahrscheinlich auch viele Familien.

Statt Talent zu fördern und Menschen zu ermutigen, Führungsaufgaben zu übernehmen und damit aus Fehlern und Erfolgen gleichermaßen zu lernen, ignorieren Organisationen nur zu oft das vorhandene Führungspotential. Es werden weder Trainingsmöglichkeiten noch Rollenvorbilder geboten, aber man bestraft jeden, der beim Versuch zu führen kleine Fehler macht. Auch die einzelnen Mitarbeiter stehen sich selbst im Weg: Es gelingt ihnen oft nicht, ihre Entwicklungsbedürfnisse realistisch einzuschätzen und proaktiv Wege zur Befriedigung dieser Bedürfnisse einzuschlagen.

Die Verwirrung über einige dieser Punkte ist für mich bisweilen nachgerade niederschmetternd. Man sagt »Führung«, aber beschreibt »Management«, man redet lediglich über einen Führungsstil, hält Vorträge darüber, daß mehr als ein Führer nur Chaos erzeuge, oder hüllt sich in mystischen Begriffsnebel. Ich habe dieses verwirrte Denken unzählige Male bei intelligenten Menschen beobachtet. Wenn fähige Leute so unklar reden, ist dies wohl ein deutlicher Hinweis auf die Notwendigkeit, besser zu analysieren, was Führer wirklich tun.

Zehn Beobachtungen

Meine gesamten Arbeiten zu diesem Themengebiet umfassen über ein Dutzend Bücher und eine Reihe von Zeitschriftenbeiträgen. Die wichtigsten Aufsätze sind sechs Veröffentlichungen, die zwischen 1979 und 1997 im *Harvard Business Review* erschienen sind. Diese sechs Arbeiten habe ich mit einem integrierenden Kommentar zu diesem Buch zusammengefaßt.

Die Sammlung handelt von den Herausforderungen, die der Führungsarbeit und den Managementfunktionen innewohnen, und vom Unterschied zwischen effektiven und ineffektiven Reaktionen auf diese Herausforderungen. Die Beiträge des ersten Teils legen einen ausdrücklichen Schwerpunkt auf »Führung und Wandel«, d. h. auf den Teil der organisatorischen Arbeit, der meines Erachtens während der letzten Jahrzehnte zunehmend bedeutender geworden ist. Der zweite Teil demonstriert, daß Führungsarbeit heute weniger mit der Ausübung von Macht als vielmehr mit dem positiven Umgang mit Abhängigkeiten zu tun hat. Manager arbeiten in einem weit komplexeren Netzwerk von Interaktionen mit anderen einflußreichen Individuen, als irgendein Organigramm auch nur andeuten kann, und dies hat bedeutende Implikationen. Was beide Teile verbindet, ist für mich jetzt viel deutlicher als zum Zeitpunkt der Abfassung der Beiträge: Mehr Wandel erfordert mehr Führung; das Netzwerk der Interaktionen wird zunehmend komplexer.

Die Evolution dieser Ideen begann, als ich entdeckte, daß die Handlungsweisen der effektivsten Inhaber von Führungspositionen offensichtlich stereotypen Rollenerwartungen des Managerberufs zuwiderliefen. Später folgerte ich, daß dieses »ungewöhnliche« Verhalten mit *Führung* zu tun hatte, die wiederum mit dem Management des Wandels zusammenhängt, das eines der zentralen Themen unserer Zeit ist.

In der Retrospektive lassen sich heute, im Jahr 1998, aus der Fülle der Ideen zehn zentrale, miteinander verbundene Beobachtungen herausdestillieren (siehe Abbildung 1-1). Jede dieser Beobachtungen spiegelt bedeutende Veränderungen im Umfeld der Führungsarbeit wider, die von gewaltigen Kräften initiiert werden: Technologiewandel, Globalisierung des Wettbewerbs und der Märkte, Wandel der Arbeit und des Humankapitals. Diese Kräfte haben die Stabilität der Jahrhundertmitte zerstört, sie beschleunigen eine Vielzahl

von Faktoren. Und das verlangt Managern sowohl inkrementelle Veränderungen als auch größere Sprünge ab.
In der von Oligopolen, Monopolen und zahlreichen Barrieren gegen globalen Wettbewerb gekennzeichneten Welt der Jahrhundertmitte waren keine großen Sprünge notwendig. Die Industrien änderten sich langsamer, entsprechend war weniger organisatorischer Wandel erforderlich. In den meisten Fällen genügten inkrementelle Anpassungen, begleitet vielleicht von einem Sprung alle ein oder zwei Jahrzehnte. In immer mehr Branchen ist ein solches Verhalten heute unzulänglich und kann zu Katastrophen führen. Daher haben die Anstrengungen, Organisationen grundlegend umzugestalten, in den letzten Jahrzehnten dramatisch zugenommen. Diese Anstrengungen heißen: Reengineering, Restrukturierung, strategische Neupositionierung (*restrategizing*), Qualitätsprogramme, kultureller Wandel sowie Zusammenschlüsse und Übernahmen.

Beobachtung Nr. 1

Wenn Manager in Organisationen erfolgreich eine wichtige Veränderung initiieren, erfordert dies heute einen zeitaufwendigen, hochkomplexen Prozeß, nicht einen Job im »Hauruck-Verfahren«.

In den erfolgreichsten Umwandlungsprozessen vollziehen die Beteiligten acht komplexe Schritte: Sie erzeugen 1. ein Gefühl für die Dringlichkeit des Vorhabens, bringen 2. ein starkes Team für die Durchführung zusammen, schaffen 3. eine tragfähige Vision, kommunizieren 4. diese Vision auf breiter Front, versetzen 5. die Mitarbeiter in die Lage, entsprechend dieser Vision zu handeln, sorgen 6. für genügend kurzfristige Ergebnisse, um ihren Anstrengungen Glaubwürdigkeit zu verleihen und den Zynikern das Wasser abzugraben, steigern 7. den Schwung und nutzen ihn, um nun die harten Brocken im Umwandlungsprozeß anzugehen, und verankern 8. das neue Verhalten in der Unternehmenskultur.
Jeder dieser acht Schritte erfordert Zeit. Allein Schritt 1, die Hebung des »Dringlichkeitsniveaus«, kann in einer satten und selbstzufriedenen Organisation viele Monate dauern. Die Formulierung einer Vision und entsprechender Strategien kann in wenigen Wochen erledigt sein, in anderen Fällen aber auch zwölf oder gar 24 Monate

1 Wenn Manager in Organisationen erfolgreich eine wichtige Veränderung initiieren, erfordert dies normalerweise einen zeitaufwendigen, hochkomplexen Prozeß in acht Schritten. Leute, die einen schnellen Job machen wollen, sozusagen »*quick and dirty*«, die opportunistisch Schritte überspringen oder in einer falschen Reihenfolge vorgehen, erreichen ihre Ziele so gut wie nie.

2 Obwohl Wandel im allgemeinen und unabhängig von spezifischen Gegebenheiten ein komplexer, vielschrittiger Prozeß ist, müssen erfolgreiche »Manager des Wandels« in jedem Fall ganz besondere, abgestimmte Maßnahmen ergreifen: Mangelnde Sensitivität für die jeweils einzigartige Problemlage, ein »Alles-über-einen-Kamm-Scheren«, kann verheerende Auswirkungen haben.

3 Aus einer Vielzahl von Gründen machen zahlreiche Menschen, darunter auch fähige und wohlmeinende Manager, eine vorhersagbare Menge von Fehlern bei dem Versuch, einen bedeutsamen, nicht-inkrementellen Wandel zu implementieren. Einer der Hauptgründe ist der Einfluß, den die Geschichte des 20. Jahrhunderts und die daraus hervorgegangene Unternehmenskultur auf die Denkart gehabt hat.

4 Führung ist etwas anderes als Management, und die Triebkraft für erfolgreichen Wandel ist Führung, nicht Management. Ohne hinreichende Führung wächst die Wahrscheinlichkeit von Fehlern beträchtlich, und die Erfolgswahrscheinlichkeit sinkt entsprechend. Dies gilt für alle Arten von Veränderungsprozessen, seien es neue Strategien, Reengineering, Akquisitionen, Restrukturierungen, Qualitätsprojekte, eine Umgestaltung der Unternehmenskultur oder andere Konzepte.

5 Da der Wandel sich immer stärker beschleunigt, wächst der Anteil an Führungsarbeit in der gesamten Managementtätigkeit. Viel zu viele Inhaber von Macht(Power!)positionen haben diese höchst bedeutsame Wahrheit noch nicht (an)erkannt.

6 Zunehmend lassen sich Manager als Menschen kennzeichnen, deren Agenden mit dem Erstellen von Plänen (Management) und Visionen (Führung) angefüllt sind; die mit Hilfe einer wohlstrukturierten Hierarchie Netzwerke zur Durchsetzung von Unternehmenszielen (Management) ebenso wie ein kom-

plexes Geflecht von entsprechend ausgerichteten Beziehungen (Führung) entwickeln; Menschen, die ihre Zwecke sowohl durch Kontrolle (Management) als auch durch Inspiration (Führung) erreichen.

7 Management funktioniert im Gegensatz zur Führung eher auf der Grundlage formaler Hierarchien. In dem Maße, wie der Wandel Grenzen niederreißt, flachere Hierarchien erzeugt, zu wachsender Verlagerung von Tätigkeiten aus den Unternehmen hinaus führt *(outsourcing)* und den Bedarf an Führungspotential steigert, werden die im Management tätigen Menschen in immer komplexere Beziehungen eingebunden.

8 Weil Management mehr und mehr zur Führungsaufgabe wird und weil Führer in einem komplexen Geflecht von interdependenten Beziehungen arbeiten, wird diese Arbeit zunehmend im Umgang mit der Abhängigkeit von anderen und nicht in der Machtausübung über sie bestehen.

9 Wenn man die Managementtätigkeit als Umgang mit Netzwerken und Abhängigkeiten und weniger als eine Frage von Hierarchien und formalen Autoritäten sieht, hat dies allerlei interessante Implikationen. Gedanken, die uns herkömmlicherweise seltsam oder illegitim vorkommen – wie etwa das »Managen« des eigenen Chefs –, erscheinen plötzlich in einem ganz anderen Licht.

10 Was ein Manager oder Führer tatsächlich Minute für Minute und Stunde für Stunde tut, entspricht kaum den gängigen Stereotypen. Dies kann beträchtliche Verwirrung hervorrufen, vor allem bei Anfängern in Managementpositionen. Das beobachtbare tägliche Verhalten wird aber verständlich, wenn man sich die Vielfalt der Aufgaben (in Führung *und* Management), den Schwierigkeitsgrad der Arbeit (Aufrechterhalten *und* Verändern von Strukturen) sowie das Netz von Beziehungen (das weit über formale Hierarchien hinaus reicht) vor Augen führt.

Abb. 1-1: Zehn Beobachtungen zum Managementverhalten

brauchen. Jahre kann es dauern, bis alle notwendigen Bedingungen dafür geschaffen sind, daß das neue Denken und Handeln sich verfestigt und nicht wieder mit der Zeit verschwindet. Solche Zeiträume bleiben kurzfristig und reaktiv denkenden Managern unverständlich. Sie erliegen der Versuchung, einen oder zwei Schritte zu überspringen oder den gesamten Prozeß zu schnell zu durchlaufen. Ihre mangelnde proaktive Einstellung ist insofern erklärlich, als sie ja stets versuchen, ihre besten Mitbewerber einzuholen. Reengineering, Restrukturierung und ähnliche Maßnahmen verbessern die Organisation nur inkrementell – und sie müssen oft teuer bezahlt werden.

Schneller und leichter läßt sich der *Eindruck* eines erfolgreichen Wandels erzeugen. Eine große Akquisition wird getätigt, Strukturen und Systeme werden rationalisiert, und der Prozeß scheint in fünf Monaten vollzogen zu sein. Aber der Schein trügt. Die größte Aufgabe bei einer Akquisition ist die Verschmelzung von zwei (oder mehr) Kulturen. Fünf Monate nach Beginn dieses Prozesses hat die kulturelle Integration typischerweise kaum begonnen. Wird jedoch ein Teil dieser Integration ignoriert oder unzulänglich gehandhabt, tauchen die Probleme Jahre oder vielleicht sogar Jahrzehnte später noch auf. Zwei verschiedene Arten zu handeln und zwei verschiedene Teams werden auf subtile ebenso wie offensichtliche Art kollidieren; die Reibungsverluste gehen zu Lasten der eigentlichen Geschäftstätigkeit des Unternehmens.

Beobachtung Nr. 2

Obwohl Wandel im allgemeinen und unabhängig von der Umgebung diesen komplexen Acht-Schritt-Prozeß involviert, müssen erfolgreiche „Manager des Wandels“ von Fall zu Fall je besondere, auf die Situation abgestimmte Maßnahmen ergreifen.

Meinungsunterschiede ergeben sich meistens in folgenden Fragen: Zu welchem Zeitpunkt soll die Vision festgelegt und quasi zum offiziellen »Gebot» gemacht werden? Wie groß soll die Gruppe der Mitarbeiter sein, die an der Festlegung bzw. Umsetzung der Vision beteiligt wird? Auf wieviel Widerstand von seiten welcher Gruppierungen sollte man sich einstellen?

Zu den zahlreichen Faktoren, die in die jeweils zu treffenden Entscheidungen eingehen, gehören: der zu erwartende Widerstand – je mehr Widerstand, desto mehr Gegendruck ist erforderlich –, die Höhe des Einsatzes – je größer der Einsatz, um den es geht, desto wichtiger ist es, daß die Vision stimmt, selbst wenn viel Zeit und mehrere Revisionen erforderlich werden – und das Ausmaß, in dem untere Ebenen der Organisation für die Entwicklung oder Umsetzung der Vision gebraucht werden; größere Abhängigkeit von unteren Ebenen bedeutet, daß diese auch stärker beteiligt werden müssen.
Oft resultieren Schwierigkeiten daraus, daß man bewährte Taktiken aus der Vergangenheit auf das aktuelle Erneuerungsprojekt übertragen will, ohne zu bedenken, daß die neue Situation anders ist. Wenn es sich beispielsweise in der Vergangenheit wieder und wieder bewährt hat, auf Training und Weiterbildung ein besonderes Schwergewicht zu legen, werden viele Manager diesen Weg wieder gehen, auch wenn das zentrale Problem im Widerstand von übergeordneten Mitarbeitern liegt und nicht etwa in der mangelnden Ausbildung der untergeordneten Mitarbeiter. Wenn es sich dagegen in der Vergangenheit bewährt hat, einen Wandel mit großer Geschwindigkeit einzuführen, so werden Manager typischerweise jedesmal wieder mit voller Kraft voranpreschen, selbst wenn im aktuellen Fall eine weitaus mächtigere Gruppe von sich widersetzenden Mitarbeitern mehr Zeit erfordern würde. Generell gilt: Je länger wir mit einer bestimmten Menge von Taktiken gut gefahren sind, desto leichter übersehen wir neue Randbedingungen. Je besser in der Vergangenheit ein Hammer nützlich war, desto mehr werden in der Zukunft alle Probleme wie Nägel aussehen.

Beobachtung Nr. 3

Aus einer Vielzahl von Gründen können auch sehr fähige und wohlmeinende Menschen eine vorhersagbare Menge von Fehlern machen, wenn sie sich um die Durchsetzung signifikanter, nichtinkrementeller Veränderungen bemühen.

Scheitern ist nicht nur das Los der Unbegabten. Gerade sehr fähige Menschen sind manchmal von vornherein zu selbstgefällig. Manchmal ist die von ihnen zusammengebrachte Koalition nicht stark genug; oder die Vision ist unzulänglich oder wird nicht adäquat kommuniziert; oder es werden Hindernisse auf dem Weg zu einem fundamentalen Wandel übersehen. Weiterhin kann bei solchen Managern der Plan zum Erzielen kurzfristiger, Glaubwürdigkeit erzeugender Ergebnisse fehlerhaft sein, oder sie erklären den Sieg zu früh, sobald erste Erfolge sich einstellen. Sie versäumen es, neue Ansätze hinreichend in die Unternehmenskultur zu integrieren oder neue Kulturen zur Unterstützung der neuen Ansätze zu entwickeln. Auf einer eher taktischen Ebene kann es passieren, daß sie versuchen zu erziehen, wo das Ausüben von Druck angebracht wäre, daß sie um Details ringen, wo bessere Kommunikation erforderlich wäre, oder daß sie manipulieren, wo sie besser die Mitarbeiter unterstützen sollten.

Wenn wir alle mehr Erfahrung im Umgang mit tiefgreifenden Veränderungen hätten, würden solche Fehler viel seltener auftreten. Aber zu viele Menschen sind für eine stabilere Welt ausgebildet worden und in ihr aufgewachsen, eine Welt, die es weitgehend nicht mehr gibt. Zu viele Menschen haben lediglich gelernt, mit dem gegenwärtigen System umzugehen und allenfalls inkrementelle Anpassungen vorzunehmen. Niemand hat ihnen gezeigt, wie man als Führungskraft größere Veränderungen bewirkt.

Beobachtung Nr. 4

Die Frage der Führung ist von zentraler Bedeutung, denn Führung ist etwas anderes als Management, und die Triebkraft für erfolgreichen Wandel ist Führung, nicht Management. Ohne hinreichende Führung wächst die Wahrscheinlichkeit von Fehlern beträchtlich, und die Erfolgswahrscheinlichkeit sinkt entsprechend.

Ich spreche hier von Führung als der Fähigkeit, Visionen und Strategien zu entwickeln, die richtigen Leute zur Verfolgung der Strategien zusammenzubringen und die einzelnen Mitarbeiter auch gegen Hindernisse zur Durchsetzung dieser Visionen zu befähigen. Management dagegen bedeutet, ein laufendes System zu steuern; Management beinhaltet Planen, Budgetieren, Organisieren, Einstellen des richtigen Personals, Controlling und allgemein Lösen von Proble-

men. Führung läuft über Menschen und Kultur, Management über Hierarchien und Systeme. Führung ist stärker informell und emotional; Management »härter« und »kühler«.
Diese Unterscheidung ist weder arbiträr noch rein semantisch. Sie ist vielmehr enorm wichtig und eine Quelle immenser Mißverständnisse. Wer glaubt, daß man mit Führung Management meint, wird den Wandel »managen«, d. h. ihn unter Kontrolle halten, aber er oder sie wird nicht in der Lage sein, große und komplexe Schritte nach vorn zu tun.
Führungskräfte, die nicht *führen*, werden fast automatisch in alle möglichen Fallen gehen. Sie können selten das erforderliche Gefühl von Dringlichkeit vermitteln. Sie unterschätzen die Notwendigkeit einer starken Koalition zur Durchsetzung der Veränderung. Sie erzeugen Pläne und Budgets, aber keine Visionen und Strategien. Sie kommunizieren neue Richtungen nicht gut genug. Sie versäumen es, Hindernisse aus dem Weg zu räumen, damit die Mitarbeiter die Vision umsetzen können. Sie erklären den Sieg zu früh. Sie verankern neue Ansätze nicht in der Unternehmenskultur.
Es geht hier nicht darum, Führung als gut und Management als schlecht zu bezeichnen. Sie sind einfach verschieden und dienen verschiedenen Zwecken. Der fundamentale Zweck des Managements ist es, das Funktionieren eines laufenden Systems zu gewährleisten. Der fundamentale Zweck der Führung ist es, nützliche Veränderungen zu produzieren, vor allem nicht-inkrementelle Veränderungen. Von beidem kann man zu viel oder zu wenig haben. Starke Führung ohne Management birgt die Gefahr des Chaos; die Organisation droht sehenden Auges in den Abgrund zu laufen. Starkes Management ohne Führung tendiert hingegen dazu, eine Organisation in den Sumpf tödlicher Bürokratie zu setzen.

Beobachtung Nr. 5

Führung ist ein wachsender Anteil an der Managementtätigkeit, weil der Wandel sich immer stärker beschleunigt.

Hatte ein Produkt vor einigen Jahrzehnten einen Lebenszyklus von 15 Jahren, so »lebt« die gleiche Art von Produkt heute nur noch vier Jahre. Vor 30 Jahren konnte die Reaktionszeit auf die Beschwerde eines Kunden einige Tage betragen, heute müssen es wenige Stunden sein. Vor 40 Jahren erneuerten Organisationen ihre Computersysteme alle ein oder zwei Jahrzehnte, nicht alle 36 Monate. Daraus folgt, daß heute effiziente Spitzenmanager bis zu 60 Prozent ihrer Zeit mit Führen verbringen – vor gar nicht langer Zeit waren es eher 20 Prozent. Selbst Mitarbeiter am unterer Ende der Managementhierarchie verbringen mindestens 20 Prozent ihrer Zeit mit Führen, in dynamischen Branchen liegt dieser Anteil höher.

Diese Verschiebung in der Arbeit eines Managers ist deshalb so kritisch, weil Führen und Managen so deutlich verschiedene Tätigkeiten sind. Es ist ungefähr so, als bestünde die Arbeit eines Buchhalters plötzlich aus Buchhaltung plus Klavierspielen; oder – für diejenigen, die als Nebenjob in einem kleinen Restaurant Klavier spielen –, als sollten sie im Hauptberuf in einem philharmonischen Orchester spielen und ihren Buchhalterjob nebenbei machen. Unter allen Umständen wäre eine solche Umstellung für die meisten Menschen schwer und für viele unmöglich. Eine Unklarheit darüber, was Klavierspielen und was Buchhaltung ist, würde das Problem jedenfalls beträchtlich vergrößern.

In ähnlicher Weise macht die Unklarheit darüber, was Führung und was Management ist, Unternehmen heute große Probleme. So werden Leute aufgefordert zu führen, aber statt dessen intensivieren sie ihre Anstrengungen im Managen und sind frustriert, wenn die Belohnung von Vorgesetzten und Kunden ausbleibt. Manager und Führer werden nicht in Teams zusammengeführt – was eine Lösung des Problems wäre –, weil die Kategorien nicht klar definiert sind. Also bilden Manager mit anderen Managern Teams; Führer (die wenigen, die es überhaupt gibt) bleiben nach wie vor in ihrer Rolle als potentiell gefährliche Renegaten.

Weil Unternehmensführer sich jetzt gezwungen sehen, sowohl zu managen als auch zu führen, ist die Komplexität ihrer Rolle gewachsen, was nicht zuletzt auch eine neue Begrifflichkeit erfordert.

Beobachtung Nr. 6

Zunehmend lassen sich Manager als Menschen kennzeichnen, deren Agenden mit dem Erstellen von Plänen und Budgets (Management) sowie von Visionen und Strategien (Führung) angefüllt sind, als

Menschen, die Netzwerke zur Durchsetzung von Unternehmenszielen sowohl mit Hilfe der Hierarchien (Management) als auch durch ein komplexes Geflecht von entsprechend ausgerichteten Beziehungen (Führung) entwickeln und die ihre Zwecke sowohl durch Kontrolle (Management) als auch durch Inspiration (Führung) erreichen.

Das Verhältnis zwischen dem Erstellen von Plänen und dem Entwickeln von Visionen, zwischen dem Organisieren der Hierarchie und dem Knüpfen des Beziehungsnetzes, zwischen Kontrollieren und Inspirieren schwankt je nach Neigung des einzelnen und Anforderungen der Position. Generell gilt: Je höher jemand in der Hierarchie steigt, desto stärker muß er oder sie Führungsarbeit leisten.
Das umfassende Konzept von *Agenden* und *Netzwerken* kann zur Beschreibung des Verhaltens von Führungskräften sehr nützlich sein. Dieser Ansatz überwindet nämlich die Kategorien von »Führung« und »Management« und ermöglicht eine größere Vereinheitlichung. »Reine Manager« arbeiten genauso wie »reine Führer« mit Agenden und Netzwerken, aber die beiden Gruppen unterscheiden sich dabei beträchtlich in der Ausführung dieser Tätigkeiten. Heute gibt es nur wenige Situationen, die entweder das eine oder das andere verlangen. Vielmehr werden gewöhnlich beide Arten von Handeln gebraucht.
Für »Führungs-Enthusiasten« ist die Versuchung groß, das ältere Vokabular über Bord zu werfen. Aber selbst Positionen, die sehr viel Führungsarbeit verlangen, weisen typischerweise auch Managementtätigkeiten auf. Agenden und Netzwerke bieten uns eine Begrifflichkeit, die alte Vereinfachungen überwindet. Statt nur von Planen und Kontrollieren auf der einen und Vision und Inspiration auf der anderen Seite zu sprechen, können wir die besten Ansätze beider Seiten nutzen.

Beobachtung Nr. 7

Management bedient sich im Gegensatz zur Führung prinzipiell formaler Hierarchien, aber in dem Maße, wie der Wandel mehr Führung in Organisationen erfordert, müssen auch „hauptamtliche“ Manager in immer komplexeren Beziehungsnetzen arbeiten.

In einer stabilen Unternehmenswelt, in der Management die Haupttätigkeit ist, funktionieren alle Jobs von Bedeutung über die Hierarchie. Man blickt auf seine Mitarbeiter hinab und zum Chef empor – ganz wie es das Organigramm abbildet. In einer sich ständig wandelnden Welt, die viel mehr Führung erfordert, werden immer mehr Menschen außerhalb der Kette der Befehlsempfänger wichtig – ebenso wie abstrakte Begriffe wie etwa die Unternehmenskultur an Bedeutung gewinnen.
Eine neue Produktstrategie kann neue Informationssysteme, neue Maßstäbe für die Leistungsbewertung, neue Tätigkeiten, neue Einstellungen etc. erfordern; die für den Wandel verantwortlichen Führungskräfte müssen also mit viel mehr Menschen umgehen, als wenn sie einfach die alte Produktstrategie weiterverfolgt hätten. Manager scheitern, wenn sie sich nur auf ihre eigenen Untergebenen konzentrieren und dabei die Personalabteilung, die Informationstechnik-Abteilung und all die anderen Manager ignorieren, die ihrerseits ihre eigene Vision des Wandels umzusetzen versuchen.

Beobachtung Nr. 8

Weil Management mehr und mehr eine Führungsaufgabe wird und weil Führer in einem komplexen Geflecht von interdependenten Beziehungen arbeiten, entwickelt sich diese Arbeit zunehmend zu einem Spiel informeller Abhängigkeiten, statt die Ausübung formeller Macht über andere zu bedeuten.

Der schlaue Angestellte am Ende der Hierarchie, der anscheinend entweder machtlos oder irrelevant ist, kann dem »wichtigen« Manager durch zahllose Strategien das Leben schwerer (oder leichter) machen. Der Prototyp ist Radar aus dem Kinofilm und der TV-Serie *M.A.S.H.*, ein kleiner Soldat, der einen Oberst aufhalten konnte. In einer Welt, die viele Radars erzeugt, besteht ein zunehmender Teil der Managementarbeit darin, aktiv mit der Abhängigkeit von anderen umzugehen, seien dies nun Menschen über oder unter einem oder sogar Leute außerhalb der Unternehmenshierarchie.
Das Thema der Abhängigkeit ist nicht neu. Es wird bereits mindestens seit den 30er Jahren besprochen – wenn auch meist leise und indirekt, zumindest in ernsthaften Kreisen. Weniger leise traten da-

gegen die Wälzer über Autorität, Verantwortung, Kontrolle, Organisationsstrukturen etc. auf; alles Dinge, deren Beherrschung äußerst nützlich sein kann, die aber ein zu großes Gewicht auf formale Autorität, Hierarchie und Management legen. Eine meiner tiefsten Einsichten als Assistenzprofessor war, daß aufgrund der zunehmenden Abhängigkeit der Manager von anderen – einschließlich denen außerhalb der Befehlskette – der Schwerpunkt auf diesen Abhängigkeiten wichtiger war als die traditionelle Betonung rein formaler Machtverhältnisse. Dieser Gedanke, der manchem offensichtlich erscheinen mag, war dennoch all denen nicht einsichtig, die Vorgesetzte vor allem als Inhaber von Macht betrachteten.
Einige meiner MBA-Studenten, vor allem diejenigen mit wenig praktischer Managementerfahrung, finden den Gedanken einer Abhängigkeit von anderen mehr als verwirrend. Schließlich ist die Tätigkeit eines Managers für sie gerade wegen der damit verbundenen Macht attraktiv. Der Gedanke, daß ihre zukünftigen Karrieren sie auch in Abhängigkeiten und nicht nur »an die Macht« bringen werden, macht sie ziemlich nervös.

Beobachtung Nr. 9

Wenn man beginnt, in Begriffen von Netzwerken, Abhängigkeiten und Führung zu denken, statt nur Hierarchie, formale Autorität und Management im Blick zu haben, ergeben sich alle möglichen interessanten Implikationen.

Befehle zu erteilen wird ein weniger wichtiger Teil des Jobs. Eine größere Herausforderung wird es, gute Arbeitsbeziehungen mit den Menschen im Netzwerk zu entwickeln. Es ist offensichtlich notwendig, den Blick über die direkten Mitarbeiter hinaus zu richten. Die Beziehung zu seinem Vorgesetzten aktiv zu managen ist für das Wohl des Unternehmens wichtig.
Dieser Punkt erschien vielen seltsam, als ich 1979 darüber schrieb. Im Begriffsrahmen herkömmlichen Managements (Hierarchie, Befehlskette) erscheint das Konzept des Chef-Managements (CM) allenfalls in einem eng politischen Kontext als sinnvoll. Aber gute Manager setzen CM ein, um auch schlechte Vorgesetzte dazu zu bringen, ihre eigenen Managementaufgaben erfolgreich zu erledi-

gen. Andererseits ziehen gute Führer jede relevante Person mit – und der Chef ist eine relevante Person.
Seinen Vorgesetzten gut zu managen bedeutet, ihn und seinen Kontext zu verstehen, die eigenen Fähigkeiten und Bedürfnisse richtig einzuschätzen und eine Beziehung zu entwickeln und aufrechtzuerhalten, die den Bedürfnissen und dem Arbeitsstil beider entspricht. In dieser von gegenseitigen Erwartungen charakterisierten Beziehung wird der Chef angemessen informiert, seine Zeit und Ressourcen werden nur so weit in Anspruch genommen, wie es die Aufgabe erfordert, und Zuverlässigkeit wie Ehrlichkeit bilden ein festes Fundament. Ein solches Verhalten hilft Ihnen, sowohl die Routineaufgaben zu bewältigen als auch so gute Erneuerungsarbeit zu leisten, daß Sie im Unternehmen nicht in den Ruf eines Wasserträgers kommen.

Beobachtung Nr. 10

Was ein Manager oder Führer tatsächlich Minute für Minute und Stunde für Stunde tut, entspricht kaum den gängigen Stereotypen eines Chefs, heroischen Führers oder Unternehmensleiters. Dies kann – vor allem bei Anfängern – beträchtliche Verwirrung hervorrufen. Das beobachtbare tägliche Verhalten wird aber verständlich, wenn man sich die Vielfalt der Aufgaben (in Führung und Management), den Schwierigkeitsgrad der Arbeit (Aufrechterhalten und Verändern von Strukturen) sowie das Netz von Beziehungen (das weit über formale Hierarchien hinaus reicht) vor Augen führt.

Eine genaue Betrachtung der alltäglichen Tätigkeiten und Verantwortlichkeiten einer Führungskraft ergibt ein Bild, das mit dem »fähigen Manager« oder »visionären Führer« unserer Träume nichts zu tun hat. Im »wirklichen Leben« verbringen Manager einen Großteil ihrer Zeit einfach mit Gesprächen – auch mit Leuten, die nicht ihre Untergebenen sind. Sie sprechen über ein breites Spektrum von Themen statt nur über ihren engen Aufgabenbereich, fragen mehr als sie anordnen und treffen nur selten »große« politische Entscheidungen. Mit Smalltalk und Witzen vertiefen sie Beziehungen. Trotz der Tatsache, daß sie all dies in einer scheinbar lässigen, sprunghaften Art und Weise tun, sind sie bemerkenswert effizient und erledi-

gen in kurzer Zeit sowohl Führungs- als auch Managementaufgaben.
Wenn man effektive Führungskräfte genau beobachtet, kann man die subtile Logik ihrer Methoden erkennen. Weil bisher diese Taktiken im Vergleich zu anderen Themen wenig studiert oder gelehrt wurden, haben die Führungskräfte selbst Schwierigkeiten zu beschreiben, was sie tun und warum sie es tun.

Überlegungen zu Beginn eines neuen Jahrhunderts

Wenn ich diese zehn allgemeinen Beobachtungen und das detailliertere Material der Beiträge betrachte, stelle ich jetzt, im Jahr 1998, verschiedene Dinge fest: Heute habe ich mehr Erfahrung, sehe die Langzeitwirkungen vieler Maßnahmen, bin Zeuge spektakulärer wirtschaftlicher Errungenschaften geworden, die Menschen mit hohen moralischen Standards erzielt haben, und habe erkannt, daß ein Zusammenhang zwischen moralischen Standards, Führung und exzellenter Leistung besteht. Heute betone ich das *Chef-Management* etwas weniger und interessiere mich etwas mehr für die Bemühungen, dem Kunden zu helfen. Ich spreche etwas weniger über Manipulation und etwas mehr über die Entwicklung neuer Produkte. Sicher läßt sich argumentieren, daß man seinen Vorgesetzten managen und auch einige Situationen manipulieren können muß, wenn man erfolgreich Kunden dienen und neue Produkte entwickeln will. Ich würde dem nur bis zu einem gewissen Punkt zustimmen: Je häufiger man ohne Bezug auf einen größeren moralischen Rahmen handelt und je öfter man die Verpflichtung vernachlässigt, anderen nicht zu schaden, desto mehr wächst die Wahrscheinlichkeit, daß die Taktiken zur Erzielung kurzfristiger Gewinne langfristig die Führungsfähigkeit unterminieren. Manche werden dieses Prinzip für richtig, ja beinahe evident halten, ihm aber keine große Bedeutung beimessen. Für große Führer jedoch ist dieses Prinzip nach meiner Erfahrung enorm wichtig.
Heute besteht weniger Verwirrung über den Unterschied zwischen Führung und Management als zum Zeitpunkt meiner ersten Arbeit über dieses Thema im Jahre 1987. Das Problem ist aber immer noch gewaltig. Wir sagen »Führung« und meinen irgendeine Mischung von Führung und Management. Wir sagen »Führung«, wenn wir

über Menschen sprechen, die eine Führungsrolle spielen sollten, ganz gleich, wie diese Menschen sich tatsächlich verhalten. Diese Verwirrung deutet darauf hin, daß generell ein mangelndes Verständnis für die tatsächliche Bedeutung dieses Begriffs herrscht.

Ohne Klarheit über die Bedeutung von »Führung« entwickeln Führungskräfte nicht die richtigen Fähigkeiten. Ihre Ausbildung setzt falsche Schwerpunkte. Manchmal wird der oder die Falsche befördert. Vor allem aber tun talentierte Menschen in ihrer Arbeit nicht das richtige. Sie managen Wandel, ohne Führungsverhalten an den Tag zu legen. Sie managen Menschen, ohne sie zu ermuntern, mit schwierigen Umständen fertig zu werden. Es gelingt ihnen, das Unternehmen am Laufen zu halten, aber sie verpassen neue Chancen oder können neuen Gefahren nicht ausweichen.

Die besten Unternehmen, die ich kenne, haben die Unterschiede zwischen Management und Führung klar herausgearbeitet, oder aber sie waren in der glücklichen Lage, Führer zu haben, die geradezu als beispielhaft für unser Zeitalter gelten können. Aber für die meisten Unternehmen dauern die Bemühungen um eine klare Unterscheidung dieser beiden Funktionen an. Ich habe in den letzten Jahren Dutzende von Listen mit »Managementkompetenzen« gesehen, die ein Durcheinander von Management, Führung und anderen Fähigkeiten enthielten; oft fehlte Wichtiges, oft wurden die Prioritäten nicht richtig gesetzt. Intelligente Menschen, denen ihr Unternehmen am Herzen liegt, könnten sicher etwas Besseres zusammenbringen.

Eine Klärung der Verwirrung ist deshalb so wichtig, weil das Thema des Wandels zunehmend an Bedeutung gewinnt. Mehr Wandel erfordert mehr Führung – ein schwer zu erreichendes Ziel, wenn man nicht genau weiß, woran es eigentlich hapert.

Wandel hat uns immer begleitet und wird dies auch in Zukunft tun. Manche sehen keinen Unterschied in der Evolutionsgeschwindigkeit von heute im Vergleich zu der vor 50, 100 oder 1000 Jahren. Ich würde dem widersprechen; ich habe zu viele Produktlebenszyklen gesehen, die von 20 auf zehn oder von fünf auf zwei Jahre gesunken sind. Ich habe globale Ereignisse erlebt, deren Auswirkungen früher den einzelnen nur langsam erreichten, die uns aber jetzt fast sofort und mit großer Heftigkeit treffen. Ich kann mir nicht vorstellen, daß diese Geschwindigkeit nachlassen wird – und dies birgt viele Implikationen für das Thema Führung.

Im gegenwärtigen globalen Wirtschaftssystem sind etwa eine Milliarde Menschen über Produkte und Märkte integriert. Eine Milliarde von einer gesamte Weltbevölkerung von etwa 5,8 Milliarden. Ein Dorf in Deutschland etwa erhält die meisten Güter und Dienstleistungen von außerhalb dieses Ortes. Aber diese Art wirtschaftlicher Integration ist für Tausende kleiner Ortschaften in Indien, Irak oder anderswo noch keine Option. Fast alle Zukunftsforscher prognostizieren aus verschiedenen Gründen eine weiter voranschreitende Globalisierung; die steigende Anzahl von Menschen im Gesamtsystem bringt Wandel mit sich – mit zahlreichen Möglichkeiten und Risiken. Ein weltweites System von zwei Milliarden Menschen wird dynamischer sein als das heutige; und drei Milliarden werden das System noch komplexer machen.

Ich habe lange gezögert, der Vorstellung, Technik bringe einen signifikanten Wandel hervor, eine besondere Wichtigkeit beizumessen: »Experten« haben den Einfluß der Technik auf unser Leben zu lange überbewertet. Nun entwickeln wir uns allerdings wirklich über das Industriezeitalter hinaus, und die Konsequenzen sind überwältigend.

Ein klares Anzeichen für das Heraufziehen eines neuen Zeitalters ist die Tatsache, daß die größten Unternehmensberatungen der Welt heute frühere Auditoren sind und daß ihre gesamte Unternehmenstätigkeit mit Informations- und Kommunikationstechnik zu tun hat. Andersen Consulting allein hat einen Milliardenumsatz, und die Zuwachsrate der Auditoren/Berater scheint jährlich um satte zwei Stellen zu wachsen. Wenn jemand bei meinem College-Abschluß 1968 vorausgesagt hätte, Andersen Consulting wäre in 30 Jahren fast zehnmal so groß wie McKinsey, hätten selbst die größten Technik-Freaks dies für völlig unglaubwürdig gehalten.

Man könnte behaupten, die zunehmend besser ausgebildeten Arbeitskräfte seien einfach eine natürliche Folge des Informationszeitalters. Aber dieser hohe Bildungsstand hat viele andere Effekte, vor allem auf der Ebene des Wandels und der Führung. Jemand mit einer drittklassigen Ausbildung wird Veränderungen in seiner Arbeit als bedrohlich empfinden; der Ingenieur mit einem Abschluß in Elektrotechnik wird – in bestimmten Grenzen – Wandel selbst erzeugen wollen. Zudem wird letzterer wohl weniger leicht Befehle von einem Manager annehmen, der wenig vom Führen versteht.

In diesem Umfeld wird eine zum Wandel bereite Organisation des 21. Jahrhunderts eher Dringlichkeit zur Veränderung als Selbstzufriedenheit empfinden, und das nicht nur zu Beginn eines größeren Transformationsprojekts. Eine solche Organisation legt großen Wert auf Teamarbeit, damit sie kurzfristig Koalitionen bilden kann, deren Mitglieder den Wandel vorantreiben. Das Unternehmen hat zu jeder Zeit auf allen Ebenen Visionen, die entsprechend aktualisiert werden; zudem werden die innovativen Ideen breit und konstant kommuniziert. Das gesamte Personal wird ständig befähigt, neue Richtungen einzuschlagen, und so weiter. Dergestalt könnte ein Veränderungsprozeß, der heute fünf Jahre dauert, in ein oder zwei Jahren vollzogen werden – eine in dem sich rasch ändernden Wettbewerbsfeld lebensnotwendige Beschleunigung.

Um diesen Wandel bewältigen zu können, delegieren Spitzenmanager in den besten Organisationen bereits seit einiger Zeit mehr Managementverantwortung nach unten. Zudem machen sie »Hausputz« und entrümpeln alle Tätigkeiten, die Überbleibsel früherer Zeiten sind. Beides schafft Raum und Zeit für mehr Führungsarbeit. Einige Manager empfinden so viel Wandel in ihren Tätigkeiten als bedrohlich und widersetzen sich. Für andere ist er ein Segen, die lange erwartete Möglichkeit, endlich das zu tun, was sie schon seit geraumer Zeit als dringend notwendig erkannt hatten.

Firmen, die es versäumen, mehr Arbeit von der Spitze weg zu delegieren und unnötige Aktivitäten zu beseitigen, sind mit zunehmenden Fällen von *burnout* im Topmanagement konfrontiert. Aus 50-Stunden- werden 60- und 70-Stunden-Wochen – bei wachsendem Streß. In dieser Welt des »Mikromanagements« stapeln sich die verschobenen Entscheidungen, Mitarbeiter versuchen sich gegenseitig zu schützen – »Abteilungspolitik« greift um sich. Die Organisation als Ganzes kann schweren Schaden erleiden.

In Unternehmen, die diese Fallen vermeiden, hat der CEO mehr Zeit für eigentliche Sinnfragen und Zielformulierungen. Ich spreche nicht von sogenannten *mission statements*, sondern von der Antwort auf Fragen wie »Warum sollte ich eigentlich gerade hier arbeiten?« und »Was tun wir, warum tun wir es?« Ohne eine klare Zielsetzung können gut ausgebildete Mitarbeiter genauso wie Dilbert aus dem Cartoon leicht eine hochgradig dysfunktionale Malaise entwickeln.

In Unternehmen, die erfolgreich Managementverantwortung von oben nach unten verlagert haben, wird auch das mittlere Management in vielen Fällen aufgefordert, einen Teil seiner traditionellen

Aufgaben an Supervisoren oder Arbeitsgruppen zu delegieren. Informationstechnik (IT) wird in diesen Unternehmen dazu benutzt, um dem mittleren Management zu ermöglichen, seine Managementaufgabe besser auszuführen, als dies das Topmanagement in der Vergangenheit getan hat. Einige mittlere Manager verweigern sich dem Wandel; typischerweise behaupten sie, daß den unter ihnen stehenden Mitarbeitern die Fähigkeit zum Selbstmanagement fehle; sie könnten nur versagen oder aber lediglich aus Eigennutz handeln. Andere mittlere Manager dagegen jubeln geradezu; sie fühlen sich befreit, endlich das zu tun, was sie für notwendig halten.

Unabhängig von der Hierarchieebene ist auch bei großer innerer Bereitschaft zum Wandel eine persönliche Entwicklung notwendig, um neue Verantwortungen übernehmen zu können. In dieser Hinsicht sind gute Rollenvorbilder eine große Hilfe. Ausbildung hilft in manchen, eine Unternehmenskultur, die Mitarbeiter nicht für kleine Fehler schwer bestraft, in allen Fällen. Lernen ist oft nicht leicht und braucht stets seine Zeit. Aber ohne Wachstum hat man langfristig ein krankes Unternehmen mit überarbeiteten Menschen.

Des weiteren fällt mir heute besonders auf, wie besessen immer noch viele Leute von Formalitäten sind. Organigramme und Arbeitsplatzbeschreibungen, all das, was greifbar ist und schwarz auf weiß niedergelegt wurde, soll dazu dienen, einen substantiellen Wandel ins Werk zu setzen. Nicht, daß die Beschreibung formaler Macht und formaler Beziehungen unwichtig wäre, ganz im Gegenteil. Aber der Wandel hängt stärker von informellen Netzwerken ab, während formale Hierarchien mit Stabilität einhergehen. In Zeiten des Übergangs und der Umwandlung sind formale Rollen und Beziehungen nur ein Teil, oft nur ein kleiner Teil, der Problemlösung. Jeder, der über 30 ist und im Management arbeitet, weiß das mehr oder weniger, aber angesichts schwerer Herausforderungen wählen wir dennoch oft den leichten Ausweg: Wir schieben Kästen und Linien hin und her.

In vieler Hinsicht hat die Reengineering-Revolution dieses Problem noch verschärft, indem das technische Paradigma auf das gesamte Unternehmen angewendet wurde: »Hart« ist »in« und »weich« ist »out«, wie es im Grunde während des gesamten vergangenen Jahrhunderts war – vielleicht mit Ausnahme des Jahrzehnts nach der Veröffentlichung von *In Search of Excellence* im Jahre 1982. Ich glaube, daß wir Berater, die Verkäufer von Reengineering und ähnlichen Lösungskonzepten, das Problem nur verschlimmert haben. Unter dem Zwang, ein Projekt schnell und erfolgreich durchzuziehen, haben wir zu oft auf Reorganisation gesetzt, statt die subtilen, »weichen« Verhaltensprobleme zu lösen. Eine kleine Verschiebung der globalen Matrix hier, ein wenig Informationstechnik dort – und dies alles, obwohl das Management selbst einfachere Strukturen nicht im Griff hat und die Mitarbeiter noch unter den Folgen der letzten IT-Welle leiden. Wir erstellen neue Arbeitsplatzbeschreibungen, wo echte Führung zur grundlegenden Verhaltensänderung notwendig wäre.

Bei der wiederholten Lektüre der sechs Beiträge wird mir ein weiteres Mal sehr deutlich, wie schwer die Tätigkeit eines Managers sein kann. Die meisten Führungspositionen erfordern neben Managementtätigkeiten im engeren Sinn zumindest ein bestimmtes Maß an Führungsqualitäten. Die Jobs an der Spitze der Hierarchie setzen sehr viel Führungsarbeit voraus, um den stetigen Wandel der Geschäftsumwelt bewältigen zu können. Menschen in diesen Positionen müssen mit sehr komplexen Planungs- und Kontrollsystemen, Organisationsstrukturen und Systemen zur Steuerung der Humanressourcen umgehen. Sie müssen sich in großen und unsichtbaren Beziehungsnetzen wohl fühlen, und sie müssen diese Beziehungen nützen, um Visionen zu formulieren und zu kommunizieren. Sie müssen sowohl inspirieren als auch kontrollieren – zwei scheinbar entgegengesetzte Tätigkeiten.

Angesichts dieser großen Anforderungen bekümmert es mich, wie wenig Anerkennung in unserer Kultur die Arbeit von Managern und Unternehmensführern findet. Zwar werden Unternehmer wie Bill Gates oft als Helden gehandelt, doch so gut wie niemand weiß, worin ihre Arbeit eigentlich besteht, und viele glauben, daß sie mehr für sich selbst als für die Gesellschaft tun.

Die mächtige Unterhaltungsindustrie erzeugt und verbreitet ein deprimierend falsches Bild von der in diesem Buch behandelten Realität. Wenn man den gängigen Fernsehsendungen glauben dürfte, wäre eine Managementposition, vor allem in der Wirtschaft, für jeden einfältigen Schurken eine ideale Existenzgrundlage. Dies mag übertrieben klingen, aber ich habe erst kürzlich eine Studie gelesen, der zufolge die Mehrheit der fiktionalen Geschäftsleute in Fernsehfilmen kriminell ist. Einige dieser Charaktere sind hinterlistig, andere Narren, die wenigsten jedoch hingebungsvolle Väter und Mütter, die eine hohe Verantwortung im Dienst sozial nützlicher Ziele wahrnehmen. Es könnte kindisch klingen, sich um den Einfluß solcher Absurditäten Gedanken zu machen, wenn die Medien nicht eine solch mächtige Propagandamaschine darstellten.

Mittlerweile ist die K-12-Erziehung sogar noch einflußreicher als das Fernsehen – trotz der von einigen hervorgehobenen Grenzen der formalen Erziehung.*

Leider sehe ich sehr wenige Anzeichen dafür, daß diese höchst wichtige soziale Einrichtung, ob in privaten oder öffentlichen Schulen, über den Beruf des Managers viel Nützliches zu sagen hätte. Ich fürchte, daß die Informationen, die Schüler über den Beruf des Managers erhalten, von negativen Platitüden getrübt werden, wie etwa: »Manager führen Unternehmen, um so viel Geld wie möglich zu verdienen«. »Geldverdienen« wird häufig als eine zu nahezu jedem wertvollen Ziel in Konflikt stehende Aktivität verstanden. Für die einen schaden Unternehmen der Umwelt, für die anderen dem Menschen. Aus dieser extremen Sichtweise sind Führungskräfte quasi Gangster; sie stehen zumindest sehr weit unten in der Hierarchie der sozial engagierten Mitglieder unserer Gesellschaft.

Erzieher würden dieser Darstellung ohne Zweifel widersprechen und verschiedene Beispiele für eine gerechtere Beurteilung des Managerberufs anführen können. Oder vielleicht glauben sie nur, daß das Geld in unserer Gesellschaft eine so große Rolle spielt, daß keine ihrer Bemühungen viele Studenten bewegen könnte, nützlichere Bereiche wie die Künste, die Politik oder den Lehrerberuf anzustreben. Ich würde – bei allem Respekt – gegen beides argumentieren.

Ich bin sicher nicht dafür, Kunsterziehung im vierten Schuljahr zugunsten eines Managementkurses aufzugeben, aber man muß sich fragen, ob der Gesellschaft ein guter Dienst erwiesen wird, wenn Ärzte und Sportler in der K-12-Erziehung einen hohen Status einnehmen, Manager dagegen nicht. Wenige junge Leute werden letztlich als Ärzte oder Profi-Basketballer arbeiten können – und diejenigen, die es schaffen, werden Systemen unterstellt sein, die zunehmend von Managern geleitet werden. Die Darstellung des Ma-

* Anm. d. Übers.: Die Abkürzung K-12 steht für die gesamte voruniversitäre Ausbildung – Kindergarten bis zwölfte Klasse; in den USA ist eine starke Bewegung zur Erneuerung der Schulbildung entstanden, die sowohl von Behörden als auch von Unternehmen getragen wird.

nagerberufs in der Unterhaltungsindustrie und in der K-12-Erziehung führt dazu, daß selbst die prospektiven jungen Manager und Managerinnen verwirrt und fehlgeleitet werden – und das ist sicherlich nicht sehr klug in einer Gesellschaft, die so sehr auf Organisation angewiesen ist!

Ein letzter Gedanke: Weisheit ist das höchste Ziel jeder Veröffentlichung – ein Ziel, das, wie ich fürchte, zu selten erreicht wird! Ich glaube, daß die Wahrscheinlichkeit, durch Lesen einen Grad von Weisheit zu erlangen, beträchtlich wächst, wenn man während der Lektüre ständig über die eigenen Erfahrungen reflektiert. Ich hoffe, daß Sie als Leserin oder Leser dieses Buch weder wie ein medizinisches Fachbuch noch wie eine Speisekarte lesen, aus der man sich hier und da etwas herauspickt. Möge die Lektüre Ihnen vielmehr eine Quelle von Ideen und Inspirationen sein, mit deren Hilfe Sie mehr aus Ihren eigenen Erfahrungen lernen können. Lesen als Prozeß einer ernsthaften Selbstreflexion zu betreiben, ist keine leichte Sache. Angesichts der Bedeutung der Managementtätigkeit ist es aber sicher der Mühe wert.

TEIL I

Führung und Wandel

John P. Kotter
Leonard A. Schlesinger *

Strategien für den Wandel

»Stets gilt es zu bedenken, daß nichts schwieriger durchzuführen, nichts von zweifelhafteren Erfolgsaussichten begleitet und nichts gefährlicher zu handhaben ist als eine Neuordnung der Dinge.«[1]
Im Jahr 1973 wurden 13 herausragende Autoritäten gebeten, darüber zu spekulieren, welche wichtigen Managementthemen und -probleme in den nächsten 20 Jahren aufkommen würden. Ein in ihren Berichten immer wieder auftauchendes Thema war die Frage nach der Fähigkeit von Organisationen, auf externe Veränderungen zu reagieren. Einer der Sachverständigen schrieb:

> »Daraus folgt, daß eine Beschleunigung der Geschwindigkeit des Wandels in einem steigenden Bedürfnis nach Reorganisation resultieren wird. Reorganisation wird gewöhnlich gefürchtet, weil sie die Störung des Status quo bedeutet, eine Bedrohung althergebrachter Interessen der Menschen an ihrer Arbeit und die Abschaffung etablierter Arbeitsmethoden. Aus diesen Gründen wird eine notwendige Reorganisation häufig aufgeschoben – trotz des daraus resultierenden Verlustes an Effizienz und eines Anstiegs der Kosten.«[2]

Die Entwicklung seither hat die Bedeutung dieses Themas bestätigt. Heute müssen immer mehr Manager sich neuen Gesetzen, neuen Produkten, Wachstumsproblemen, verschärftem Wettbewerb, technologischen Entwicklungen und veränderten Verhaltensweisen der Arbeitnehmer stellen. Als Reaktion darauf erscheint den meisten Unternehmen oder Divisions von Großunternehmen wenigstens ei-

* Dieser Artikel wurde zusammen mit Leonard A. Schlesinger, dem George-F.-Baker-Jr.-Professor für Business Administration an der Harvard Business School, verfaßt. Die Autoren möchten hiermit Vijay Sathe für seine Hilfe bei den Recherchen zu diesem Beitrag danken. Der Artikel erschien zum ersten Mal in der März-April-Ausgabe 1979 des *Harvard Business Review* unter dem Titel »Choosing Strategies for Change«, dt. erschienen in *Harvard Business Manager* 4/1984.

ne moderate organisatorische Anpassung pro Jahr und eine größere Umstellung alle vier oder fünf Jahre angemessen.[3]
Nur wenige organisatorische Veränderungen entpuppen sich als totale Fehlschläge, aber genauso wenige erweisen sich als durchschlagender Erfolg. Die meisten Bemühungen ziehen Probleme nach sich, die oft mehr Zeit als erwartet und erwünscht in Anspruch nehmen; manchmal zerstören sie die Moral und häufig kosten sie ein ganz beträchtliches Maß an Managementzeit oder Gefühlsaufruhr. Etliche Organisationen haben nicht einmal den Versuch unternommen, erforderliche Veränderungen zu initiieren, weil die dafür verantwortlichen Manager befürchten, daß sie einfach nicht imstande sind, sie erfolgreich durchzuziehen.
In diesem Artikel beschreiben wir verschiedene Ursachen für den Widerstand gegen Änderungen, skizzieren einen systematischen Ansatz zur Wahl der richtigen Strategie und stellen spezifische Methoden ihrer Durchsetzung vor. Die beschriebenen Methoden basieren auf Analysen von Dutzenden erfolgreicher wie auch gescheiterter organisatorischer Veränderungen.

Diagnose des Widerstands

Bemühungen um organisatorische Veränderungen rufen häufig irgendeine Form menschlichen Widerstands hervor. Obwohl erfahrene Manager sich dieser Tatsache im allgemeinen wohl bewußt sind, nehmen sich überraschenderweise nur wenige die Zeit, vor einer Veränderung systematisch zu untersuchen, wer aus welchen Gründen die Initiative unterlaufen könnte. Statt dessen verlassen sie sich lieber auf ein Bündel von Annahmen, indem sie Erfahrungen aus der Vergangenheit zur Richtschnur machen. Solche Erfahrungen lauten etwa so: Die Techniker werden sich Veränderungen wahrscheinlich widersetzen, weil sie unabhängig und dem Topmanagement gegenüber mißtrauisch sind. Dieser Ansatz hat seine Grenzen und kann ernsthafte Probleme aufwerfen. Durch die vielen unterschiedlichen Weisen, mit denen Individuen und Gruppen auf Veränderungen reagieren können, sind korrekte Einschätzungen häufig nicht auf den ersten Blick hin möglich und erfordern sorgfältige Überlegungen.

Selbstverständlich entwickeln alle Menschen, die von Veränderungen betroffen sind, ein Gefühl emotionaler Unruhe. Selbst Veränderungen, die »positiv« oder »rational« erscheinen, bringen Verluste und Unsicherheit mit sich.[4] Dennoch können Individuen und Gruppen aus einer Reihe von unterschiedlichen Gründen sehr verschieden auf Veränderungen reagieren; das reicht von passivem Widerstand über den Versuch, alle Vorschläge zu unterminieren, bis zu vertrauensvoller Hinnahme.
Um vorherzusagen, welche Formen der Widerstand annehmen könnte, müssen Manager die vier Hauptursachen für den Widerstand gegen Veränderungen kennen. Diese sind: der Wunsch, nichts zu verlieren, was für die Betroffenen einen Wert darstellt; eine falsche Vorstellung von den Veränderungen und ihren Folgen; der Glaube, daß die Veränderungen keinen Sinn für die Organisation ergeben; eine niedrige Toleranzschwelle gegenüber Veränderungen.

Eigensucht

Einer der Hauptgründe, warum Menschen organisatorischen Veränderungen gegenüber Widerstand leisten, liegt darin, daß sie glauben, dadurch etwas zu verlieren, was für sie einen Wert besitzt. Weil jeder sich auf seine eigenen Interessen konzentriert und nicht auf die des gesamten Unternehmens, wird Widerstand in solchen Fällen oft in »Politik« oder »politischem Verhalten« resultieren.[5] Hierzu zwei Beispiele:

1. Nach einer Reihe von Jahren schnellen Wachstums entschied der Präsident eines Unternehmens, daß dessen Größe die Schaffung einer neuen Abteilung (Neuproduktplanung und -entwicklung) erfordere, die von einem Vizepräsidenten geleitet werden sollte. Eine Auswirkung dieser Neuerung war der Entzug des größten Teils der Entscheidungsmacht über Neuprodukte von den Vizepräsidenten Marketing, Technik und Produktion. Da neue Produkte in diesem Unternehmen sehr wichtig waren, reduzierte diese Änderung auch den Status – und die Macht – dieser Vizepräsidenten, auf die sie großen Wert legten. In den beiden Monaten, nachdem der Präsident seine Idee eines speziellen Vizepräsidenten für neue Produkte vorgebracht hatte, führte jeder der etablierten Vizepräsidenten ein halbes Dutzend Gründe dafür ins

Feld, daß diese neue Einrichtung nicht funktionieren könne. Ihre Einwände wurden lauter und lauter, bis der Präsident seine Idee schließlich aufgab.

2. Ein Industrieunternehmen beschäftigte eine große Zahl von Vertrauensleuten und »Beichtvätern« für seine Fabrikarbeiter. Diese Gruppe tendierte dazu, aufgrund der beruflichen Befriedigung, die sie aus ihrer »Hilfestellung« für die Mitarbeiter schöpften, eine hohe Arbeitsmoral an den Tag zu legen. Als ein neues Leistungsbewertungssystem eingeführt wurde, verlangte das von den Vertrauensleuten alle sechs Monate eine schriftliche Bewertung der Kollegen hinsichtlich »emotionaler Reife«, »Beförderungsmöglichkeit« usw. Wie einige der Vertrauensleute sofort erkannten, hätte diese Neuerung ihre Beziehung zu den meisten Kollegen verändert: Vom gleichgestellten Helfer wären sie mehr zum Boss und Bewerter geworden. Wie vorhersehbar leisteten sie Widerstand; während sie öffentlich bekundeten, das neue System sei nicht so gut für das Unternehmen wie das alte, übten sie heimlich so viel Druck wie möglich auf den für Personalfragen zuständigen Vizepräsidenten aus, bis er das neue System wesentlich änderte.

Politisches Verhalten tritt manchmal vor und während der Bemühungen um Veränderungen in Erscheinung, wenn das, was im wohlverstandenen Interesse eines einzelnen oder einer Gruppe ist, nicht dem Interesse der Gesamtorganisation, anderer Individuen oder Gruppen entspricht.

Manchmal äußert sich politisches Verhalten als Kampf zweier oder mehrerer bewaffneter Lager, die ihre Scharmützel öffentlich austragen, normalerweise wird aber verdeckt gekämpft. In vielen Fällen finden die Auseinandersetzungen vollkommen hinter den Kulissen und nicht im öffentlichen Dialog statt. Obwohl auch Ränkeschmiede und Karrieristen manchmal Machtkämpfe initiieren, gehen die meisten Auseinandersetzungen von Menschen aus, die den potentiellen Verlust durch Veränderungen als eine unfaire Verletzung ihres ungeschriebenen Vertrags mit dem Unternehmen betrachten.[6]

Mißverständnisse und Vertrauensmangel

Menschen leisten auch dann Widerstand, wenn sie den tieferen Sinn einer Maßnahme nicht verstehen und empfinden, daß diese Maßnahme sie mehr kosten wird, als sie ihnen einbringen kann. Solche Situationen kommen dann häufig vor, wenn zwischen demjenigen, der die Veränderung anregt, und den Mitarbeitern ein Mangel an Vertrauen besteht.[7]

Als der Präsident eines kleinen Unternehmens seinen Managern ankündigte, daß das Unternehmen die flexible Arbeitszeit für alle Mitarbeiter einführen sollte, machte er die neue Erfahrung, auf Widerstand zu stoßen. Das Konzept hatte er in einem Managementseminar kennengelernt, und er entschied sich für die Einführung, um die Arbeitsbedingungen in seinem Unternehmen – insbesondere für die Sachbearbeiter und Fabrikarbeiter – attraktiver zu machen. Kurz nach der Ankündigung kursierten unter den Fabrikarbeitern zahlreiche Gerüchte. Keiner wußte wirklich, was unter flexibler Arbeitszeit zu verstehen war, und viele mißtrauten dem für die Produktion zuständigen Vizepräsidenten. Ein Gerücht z. B. besagte, flexible Arbeitszeit bedeute, daß die meisten Leute zu arbeiten hätten, wann immer ihr Vorgesetzter es von ihnen verlange – Abende und Wochenenden eingeschlossen. Die Arbeitnehmervertretung, eine lokale Gewerkschaft, hielt kurzfristig eine Versammlung ab und präsentierte dem Management dann die ultimative Forderung, das Konzept der flexiblen Arbeitszeit fallen zu lassen. Der Präsident wurde davon total überrascht und gab nach.

Nur wenige Unternehmen lassen sich dadurch charakterisieren, daß ein hohes Maß an Vertrauen zwischen Mitarbeitern und Managern besteht. Konsequenterweise ist es leicht möglich, daß sich Mißverständnisse entwickeln, wenn Neuerungen vorgestellt werden. Wenn Manager Mißverständnisse hervorrufen, ohne sie schnellstens zu klären, kann das zu Widerstand führen. Dieser Widerstand kommt für die Initiatoren der Veränderung häufig völlig überraschend, besonders wenn sie annehmen, daß Menschen nur dann Widerstand leisten, wenn etwas nicht in ihrem Interesse liegt.

Unterschiedliche Bewertungen

Eine andere, weit verbreitete Ursache für Widerstand gegen organisatorische Veränderungen besteht darin, daß Betroffene die Situation anders als ihre Vorgesetzten oder die Initiatoren der Veränderung einschätzen und mehr Nachteile als Vorteile sehen, die aus der Änderung nicht nur für sie selbst, sondern auch für das Unternehmen resultieren. Ein Beispiel:

> Der Präsident einer mittelgroßen Bank war schockiert über eine Bewertung der ausgeliehenen Hypothekendarlehen, die sein Stab ihm vorgelegt hatte. Diese komplizierte Analyse kam zu der Schlußfolgerung, daß die Bank leicht bis zu 10 Millionen Dollar verlieren könnte; dieses Verlustrisiko würde überdies jeden Monat weiter steigen. Innerhalb einer Woche entwarf der Präsident einen Plan, um den Teil der Bank, der die Immobiliengeschäfte managte, zu reorganisieren. Wegen seiner Sorge um den Aktienkurs der Bank zog er es vor, den Risikoreport niemandem außer dem neuen Abteilungsmanager zu geben. Die Reorganisation führte sofort zu massivem Widerstand der Betroffenen. Die Meinung der Gruppe faßte ein Mitglied so zusammen: »Ist er verrückt geworden? Warum in Gottes Namen reißt er diese Abteilung aus der Bank raus? Seine Aktionen haben uns schon drei gute Leute gekostet (die gekündigt hatten) und ein neues Programm lahmgelegt, das wir durchziehen wollten (wovon der Präsident nichts wußte), um unsere Darlehensverluste zu reduzieren.«

Manager, die Veränderungen anregen, gehen oft davon aus, daß sie alle wichtigen Informationen besitzen, die erforderlich sind, um eine angemessene Organisationsanalyse zu erstellen; außerdem unterstellen sie, daß die davon Betroffenen über die gleichen Informationen verfügen. Beide Annahmen sind falsch. In jedem Fall führen unterschiedliche Informationen der beteiligten Gruppen zu Differenzen in den Analysen, die dann Widerstand hervorrufen können. Wenn die Analyse nicht von denjenigen durchgeführt wird, die eine Veränderung anregen, ist sie genauer, als wenn sie von den Initiatoren selbst kommt. Widerstand ist dann sogar »gut« für die Organisation. Aber dieser Sachverhalt ist für manche Manager gar nicht so klar, weil sie annehmen, daß Widerstand immer schlecht ist, und ihn deshalb stets bekämpfen.[8]

Niedrige Toleranzschwelle

Menschen leisten auch dann Widerstand, wenn sie fürchten, daß sie nicht fähig sein werden, die neuen Kenntnisse und Verhaltensweisen zu entwickeln, die von ihnen verlangt werden. Alle Menschen sind in ihrer Fähigkeit, Veränderungen zu akzeptieren, beschränkt, einige mehr als andere.[9] Organisatorische Veränderungen können unbeabsichtigt zu viele und zu schnelle Umstellungen verlangen.

Peter F. Drucker hat bewiesen, daß das Haupthindernis für das Wachstum von Unternehmen in der Unfähigkeit der Manager liegt, ihre Haltung und ihr Verhalten so schnell zu ändern, wie es die Organisation verlangt.[10] Selbst wenn Manager intellektuell die Notwendigkeit begreifen, ihre Methoden zu ändern, sind sie manchmal nicht in der Lage, das auch umzusetzen.

Durch die begrenzte Toleranz der Menschen gegenüber Veränderungen werden Individuen manchmal einer Neuerung sogar dann Widerstand entgegensetzen, wenn sie wissen, daß sie gut wäre. Zum Beispiel wird jemand, der als Resultat einer organisatorischen Veränderung einen bedeutend wichtigeren Job erhält, vermutlich sehr glücklich sein. Aber es ist auch möglich, daß er sich trotzdem unbehaglich fühlt und Widerstand leistet, wenn es darum geht, gewisse Vorteile der bestehenden Situation aufzugeben. Ein neuer und sehr schwieriger Job wird ein neues und abweichendes Verhalten erfordern, neue, ganz andere Beziehungen ebenso wie den Verlust einiger befriedigender Aktivitäten und Beziehungen mit sich bringen. Wenn die Veränderungen bedeutend sind und die Toleranzschwelle ihnen gegenüber niedrig ist, könnte dieser Mitarbeiter anfangen, aktiv Widerstand zu leisten aus Gründen, deren er selbst sich gar nicht bewußt ist.

Menschen leisten manchmal auch Widerstand gegen organisatorische Veränderungen, um ihr Gesicht zu wahren; das Mitziehen, so glauben sie, würde dem Eingeständnis gleichkommen, daß einige ihrer vorhergegangenen Entscheidungen oder Meinungen falsch waren. Sie können auch Widerstand leisten, weil sie dem Druck der Kollegen nachgeben, oder wegen der Haltung eines Vorgesetzten. Tatsächlich ist die Zahl der Gründe, aus denen Menschen Widerstand gegen Veränderungen leisten, wahrscheinlich unendlich groß.[11]

Die Einschätzung, welche der vielen Möglichkeiten auf diejenigen zutreffen könnte, die von einer Veränderung betroffen sind, ist wichtig, weil sie dem Manager helfen kann, eine angemessene Methode zur Überwindung des Widerstands auszuwählen. Ohne genaue Diagnose der Möglichkeiten des Widerstands kann ein Manager während des Änderungsprozesses leicht mit sehr teuren Problemen auf der Strecke bleiben.

Widerstand überwinden

Viele Manager unterschätzen nicht nur die Vielzahl der Möglichkeiten, mit denen Menschen auf organisatorische Veränderungen reagieren können, sondern auch die Zahl der Methoden, mit denen sie bestimmte Individuen und Gruppen während des Wandels beeinflussen können. Außerdem haben Manager manchmal keine genaue Vorstellung von den Vorteilen und Nachteilen der Methoden, mit denen sie vertraut sind.

Unterrichtung und Kommunikation

Eine der üblichsten Methoden, Widerstand gegen Änderungen zu überwinden, besteht darin, die Betroffenen im voraus zu unterrichten. Die Kommunikation von Ideen hilft, Notwendigkeit und Logik einer Änderung zu verstehen. Der Unterrichtungsprozeß kann Zweierdiskussionen, Präsentationen für Gruppen, kurze Mitteilungen und ausführliche Berichte vorsehen. Ein Beispiel:

> Als Teil der Bemühungen, Änderungen in der Divisionsstruktur sowie im Bewertungs- und Vergütungssystem vorzunehmen, stellte ein Divisionsmanager eine einstündige Videopräsentation zusammen, mit der die Änderungen und die Gründe dafür erläutert wurden. In einem Zeitraum von vier Monaten führte er nicht weniger als zwölfmal diese Präsentation für Gruppen von 20 bis 30 Unternehmens- und Divisionsmanagern vor.

Ein Unterrichtungs- und Kommunikationsprogramm kann die ideale Lösung sein, wenn der Widerstand auf unzureichender oder ungenauer Information und Analyse basiert, besonders dann, wenn der Initiator die Hilfe der Widerständler bei der Durchsetzung der

Veränderung benötigt. Aber manche Manager übersehen die Tatsache, daß ein Programm dieser Art Vertrauen zwischen Initiatoren und Widerständlern erfordert, weil sonst die letzteren nicht glauben, was sie hören. Es erfordert auch Zeit und Anstrengungen, insbesondere dann, wenn viele Personen betroffen sind.

Mitwirkung und Einbeziehung

Wenn die Initiatoren potentielle Widerständler zu einigen Aspekten des Konzepts und der Durchsetzung von Veränderungen befragen, können sie Widerstand vereiteln. Indem die Initiatoren sich um Einbeziehung bemühen, hören sie auf die Betroffenen und nutzen deren Ratschläge.

> Der Chef einer kleinen Finanzierungsgesellschaft schuf einmal eine Projektgruppe, die dabei helfen sollte, Änderungen im Vergütungssystem des Unternehmens vorzuschlagen und einzuführen. Die Gruppe bestand aus acht Managern der zweiten und dritten Ebene verschiedener Teile des Unternehmens. Sie erhielten sechs Monate Zeit und wurden gebeten, dem Präsidenten monatlich einen kurzen Zwischenbericht vorzulegen. Nachdem sie ihre Empfehlungen vorgelegt hatten, die der Präsident zum größten Teil akzeptierte, wurden sie gebeten, dem Personalleiter bei der Durchführung zu helfen.

Wir haben herausgefunden, daß viele Manager gegenüber der Mitwirkung von Untergebenen eine ganz entschiedene Haltung einnehmen – manchmal positiv und manchmal negativ. D. h. einige Manager glauben, daß es immer eine Mitwirkung bei Änderungsbemühungen geben sollte, während andere meinen, dies sei im Grunde genommen falsch. Beide Haltungen können einem Manager Probleme verschaffen, weil keine davon sehr realistisch ist.

Wenn die Initiatoren von Veränderungen glauben, daß sie nicht alle benötigten Informationen haben, um ein Konzept zu entwerfen oder durchzusetzen, oder wenn sie die aufrichtige Zustimmung anderer benötigen, um ihr Konzept durchsetzen zu können, hat die Einbeziehung anderer einen Sinn. Eine wissenschaftliche Untersuchung hat bewiesen, daß im allgemeinen Mitwirkung Engagement bewirkt, also nicht nur Zustimmung.[12] In manchen Fällen wird dieses Engagement benötigt, um eine Veränderung erfolgreich abzuschließen. Dennoch hat der Mitwirkungsprozeß auch eine Kehrseite. Mitwirkung kann nicht nur zu einer schlechteren Lösung führen, wenn der Prozeß nicht sorgfältig gemanagt wird, sondern auch enorm zeitraubend sein. Wenn eine Veränderung unverzüglich durchgeführt werden muß, kann es einfach zu viel Zeit in Anspruch nehmen, andere hinzuzuziehen.

Vergünstigungen und Hilfestellung

Eine andere Methode für Manager, mit potentiellem Widerstand fertig zu werden, liegt darin, großzügig zu sein. Das kann Trainingsprogramme zum Erwerb neuer Kenntnisse einschließen, die Gewährung von Freizeit für die Mitarbeiter nach einer Zeit starker Anforderungen – oder auch nur darin bestehen, zuzuhören und ein Gefühl von Verständnis zu vermitteln. Ein Beispiel:

> Das Management eines schnell gewachsenen Elektronikunternehmens dachte sich eine Methode aus, den Mitarbeitern dabei zu helfen, sich auf häufige organisatorische Änderungen einzustellen. Zuerst besetzte das Management die Personalabteilung mit vier Vertrauenspersonen, die den größten Teil ihrer Zeit damit verbrachten, mit den Mitarbeitern zu sprechen, die sich »ausgebrannt« fühlten oder Schwierigkeiten hatten, sich auf neue Jobs einzustellen. Als nächstes bot das Management Mitarbeitern – selektiv – einen vierwöchigen Sonderurlaub zum Nachdenken oder zu Schulungsaktivitäten an. Und schließlich gab es viel Geld für Unterrichts- und Trainingsprogramme im Haus aus.

Vergünstigungen und Hilfestellung sind dann am besten geeignet, wenn Furcht und Ängste die Ursache für Widerstand sind. Erfahrene, harte Manager übersehen oder ignorieren häufig diese Form des Widerstands ebenso wie die Wirksamkeit dieser Hilfen im Umgang mit Widerstand. Ein schwerwiegender Nachteil dieses Ansatzes liegt darin, daß er zeitraubend und teuer sein kann und trotzdem versagt.[13] Wenn Zeit, Geld und Geduld im Moment nicht zur Verfügung stehen, dann ist es nicht sehr praktisch, diese Methoden zu benutzen.

Verhandlungen und Übereinkunft

Ein anderer Weg, mit Widerstand umzugehen, ist das Angebot von Belohnungen für aktive oder potentielle Widerständler. Zum Beispiel könnte das Management der Gewerkschaft eine höhere Lohnsteigerung zugestehen und als Gegenleistung dafür eine Änderung der Arbeitsregelung verlangen; es könnte die Pensionszulage eines Mitarbeiters erhöhen und dafür dessen vorzeitigen Ruhestand erreichen. Ein Beispiel für eine ausgehandelte Übereinkunft:

> In einem großen Industrieunternehmen waren die einzelnen Divisions stark voneinander abhängig. Ein Divisionmanager wollte einige grundsätzliche Änderungen in seiner Organisation durchführen. Doch er erkannte, daß er wegen der bestehenden Interdependenzen den anderen Divisions Unannehmlichkeiten verschaffen würde. Um zu verhindern, daß die Topmanager anderer Divisions seine Bemühungen torpedierten, handelte er ein schriftliches Abkommen mit jedem einzelnen aus. Das Abkommen spezifizierte die Konsequenzen für die anderen Divisionmanager, wann sie eintreten würden und das Ausmaß der Kooperation, das er von ihnen während des Veränderungsprozesses erwarten durfte. Falls die Divisionmanager sich über die Veränderungen oder deren Auswirkungen beschwert hätten, so hätte er auf die Vereinbarungen hinweisen können.

Zu verhandeln ist besonders zweckmäßig, wenn klar ist, daß jemand als Ergebnis der Veränderung etwas verlieren wird, und wenn seine Macht, Widerstand zu leisten, bedeutend ist. Ausgehandelte Abkommen können ein relativ einfacher Weg sein, ernsthaften Widerstand zu vermeiden, obwohl sie wie einige andere Vorgehensweisen teuer werden können. Wenn ein Manager erst einmal klargestellt hat, daß er verhandeln will, um größeren Widerstand zu vermeiden, setzt er sich selbst der Möglichkeit einer Erpressung aus.[14]

Manipulieren und Ködern

In einigen Situationen versuchen Manager zu verheimlichen, daß sie andere beeinflussen wollen. Eine derartige Manipulation setzt normalerweise den äußerst selektiven Gebrauch von Informationen und die bewußte Strukturierung von Ereignissen voraus.
Eine sehr gebräuchliche Form der Manipulation ist das Ködern. Das

Ködern eines Individuums besteht üblicherweise in der Übertragung einer von ihm gewünschten Rolle beim Ausarbeiten des Konzepts oder bei der Durchsetzung der Neuerung. Ködern einer Gruppe bedeutet die Vergabe einer Schlüsselrolle bei der Ausarbeitung oder Durchsetzung einer Neuerung an einen ihrer Führer oder an jemanden, den die Gruppe respektiert. Dies ist keine Form der Mitwirkung, weil der Initiator nicht den Rat des Geköderten wünscht, sondern nur dessen Zustimmung. Ein Beispiel:

> Ein Divisionmanager eines großen Unternehmens mit vielen unterschiedlichen Aktivitäten bat den Vizepräsidenten, der für das Personalwesen zuständig und ein enger Freund des Präsidenten war, ihm und seinen engsten Mitarbeitern bei der Diagnose einiger Probleme zu helfen, die die Division hatte. Wegen seines übervollen Terminkalenders war es dem Vizepräsidenten nicht möglich, viele der zusammengetragenen aktuellen Informationen und Analysen selbst zu studieren, was seinen Einfluß auf die Diagnose begrenzte. Seine Anwesenheit bei Schlüsselbesprechungen half aber, ihn sowohl in die Diagnose als auch in die Lösungen einzubinden, die von der gleichen Gruppe entworfen wurden. Diese Einbindung erwies sich später als sehr wichtig, weil der Präsident – zumindest zunächst – keine der vorgeschlagenen Änderungen schluckte. Trotzdem unternahm er nach einem Gespräch mit seinem Vizepräsidenten keinen Versuch, sie zu blockieren.

Unter bestimmten Voraussetzungen kann das Ködern ein relativ preiswerter und leichter Weg sein, die Hilfe eines Individuums oder einer Gruppe zu gewinnen (billiger beispielsweise als Verhandlungen und schneller als Mitwirkung). Trotzdem gibt es auch Nachteile. Wenn Menschen glauben, daß sie ausgetrickst werden, damit sie keinen Widerstand leisten, und daß sie ungleich behandelt oder belogen werden, können sie sehr negativ reagieren. So mancher Manager mußte feststellen, daß er durch seine Bemühung, einigen Untergebenen ein Gefühl der Mitwirkung durch Ködern zu geben, mehr Widerstand geschaffen hatte, als wenn er gar nichts unternommen hätte. Außerdem kann das Ködern eine ganz andere Art von Problemen schaffen, wenn die Geköderten ihre Fähigkeit zur Ausarbeitung und Durchsetzung von Neuerungen mit Methoden beeinflussen, die nicht im Interesse der Organisation liegen.

Andere Formen der Manipulation haben auch große Nachteile. Die meisten Menschen reagieren wahrscheinlich auf das, was sie als Hintergehen und/oder Lügen empfinden, sehr negativ. Außerdem kann ein Manager, wenn er erst einmal den Ruf eines Manipulators besitzt, seine Möglichkeiten unterminieren, andere notwendige Ansätze wie Unterrichtung/Kommunikation oder Mitwirkung/Einbeziehung zu benutzen. Im Extremfall kann er sogar seine Karriere ruinieren. Trotzdem manipulieren Menschen ihre Mitmenschen weiterhin erfolgreich – insbesondere, wenn alle anderen Taktiken nicht anwendbar sind oder versagt haben.[15] Wenn Manager keine Alternative haben und nicht genug Zeit, um Mitarbeiter zu unterrichten, einzubeziehen oder Hilfestellung zu leisten, und wenn sie keine Macht und Ressourcen haben, um zu verhandeln, zu zwingen oder zu ködern, dann greifen sie oft auf die Manipulation von Informationskanälen zurück: Sie machen den Mitarbeitern angst, indem sie ihnen eine Krise voraussagen, die angeblich nur durch radikale Veränderungen zu meistern ist.

Offene und versteckte Zwänge

Schließlich setzen Manager gegen Widerstand auch Zwangsmaßnahmen ein. Im wesentlichen erzwingen sie die Akzeptanz von Veränderungen durch offene oder versteckte Drohungen (Verlust des Arbeitsplatzes, Entzug von Beförderungsmöglichkeiten und ähnliches) oder durch tatsächliche Kündigung oder Versetzung. Wie bei der Manipulation ist die Anwendung von Zwang ein riskantes Vorgehen, weil Menschen erzwungene Änderungen unausweichlich verübeln. Aber in Situationen, in denen Schnelligkeit wichtig ist und die Neuerungen nicht populär sein werden, kann Zwang unabhängig davon, wie er ausgeübt wird, die einzige Option für einen Manager sein.

Methodenkombination

Erfolgreiche Bemühungen um organisatorische Veränderungen sind immer durch den geschickten Einsatz einer ganzen Reihe von Methoden in häufig wechselnden Kombinationen charakterisiert. Trotzdem weisen erfolgreiche Bemühungen stets zwei Merkmale auf: Die Manager wenden die Methoden mit Sensibilität für ihre Stärken und Schwächen an (siehe Abbildung 2-1); und sie schätzen die Situation realistisch ein.

ANSATZ	TYPISCHE SITUATION	VORTEILE	NACHTEILE
Unterrichtung + Kommunikation	Wenn es Informationslücken, Fehlinformationen und mißverständliche Analysen gibt.	Menschen, die man überzeugt hat, werden bei der Durchsetzung der Veränderung mithelfen.	Kann sehr viel Zeit kosten, wenn eine große Zahl von Menschen betroffen ist.
Mitwirkung + Einbeziehung	Wenn die Initiatoren nicht über sämtliche Informationen verfügen, die sie zur Planung der Veränderung benötigen, und wenn andere mächtig genug sind, um sich der Veränderung zu widersetzen.	Menschen, die mitreden dürfen, fühlen sich verpflichtet, die Veränderungen auch durchzusetzen; überdies werden alle wichtigen Informationen, über die sie verfügen, in die Planung integriert.	Kann sehr viel Zeit kosten, wenn die zur Mitwirkung Aufgeforderten unangemessene Veränderungsvorschläge einbringen.
Vergünstigungen + Hilfestellung	Wenn die Betroffenen Widerstand leisten, weil sie Anpassungsschwierigkeiten haben.	Kein anderer Ansatz funktioniert bei Anpassungsschwierigkeiten auch nur annähernd so gut.	Kann sowohl zeitaufwendig als auch teuer werden und trotzdem fehlschlagen.
Verhandlungen + Übereinkunft	Wenn ein einzelner oder eine Gruppe durch die Veränderung eindeutig auf etwas verzichten muß, und wenn diese Gruppe über genügend Macht verfügt, sich zu widersetzen.	Bisweilen ist dies ein relativ bequemer Weg, beträchtlichen Widerstand zu vermeiden.	Dürfte in vielen Fällen zu teuer werden, wenn dadurch andere auf den Plan gerufen werden, die wegen ihrer Zustimmung hinzugezogen werden wollen.
Manipulieren + Ködern	Wenn andere Taktiken nicht funktionieren oder zu teuer sind.	Diese Methode kann Probleme mit Widerstand relativ schnell und billig beseitigen.	Kann in Zukunft Probleme bereiten, wenn die Menschen den Eindruck gewinnen, sie seien manipuliert worden.
Offene + versteckte Zwänge	Wenn Schnelligkeit unabdingbar ist, vorausgesetzt der Initiator der Veränderung besitzt genügend Macht.	Es geht schnell, und auf diese Weise kann jede Art von Widerstand überwunden werden.	Kann riskant sein, wenn die Betroffenen dadurch wütend auf die Initiatoren werden.

Abb. 2-1: Methoden zur Überwindung des Widerstands gegen Veränderungen

Der häufigste Fehler, den Manager machen, ist die Anwendung einer einzigen Methode oder einiger weniger Ansätze, ohne Rücksicht auf die Situation zu nehmen. Überraschend viele Manager haben dieses Problem. Das betrifft sowohl den ausgekochten Boss, der Menschen häufig zu etwas zwingt, als auch den menschenorientierten Manager, der immer versucht, seine Leute einzubeziehen und ihnen zu helfen; es betrifft den zynischen Chef, der immer manipuliert und andere ködert, ebenso wie den intellektuellen Vorgesetzten, der stark auf Unterrichtung und Kommunikation baut, und den juristisch angehauchten Manager, der gewöhnlich versucht zu verhandeln.[16]

Ein weiterer, sehr häufiger Fehler, der Managern unterläuft, ist die Annäherung an eine Neuerung in völlig unzusammenhängender Weise und mit Trippelschritten, die nicht Teil einer klar überlegten Strategie sind.

Die Wahl der Strategie

Wenn Manager eine organisatorische Veränderung angehen, treffen sie offen oder stillschweigend eine Strategieauswahl über die Schnelligkeit des Vorgehens, das Ausmaß der Vorplanung, die Mitwirkung anderer und die relative Betonung, die sie auf die verschiedenen Methoden legen. Erfolgreich scheinen vor allem solche Änderungsbemühungen zu sein, bei denen die Auswahl sowohl in sich konsequent ist als auch Variationen einiger Schlüsselvariablen je nach Situation vorsieht.

Die dem Manager zur Verfügung stehenden Optionen können zweckmäßigerweise als ein Kontinuum angesehen werden (siehe Abbildung 2-2).[17] An einem Ende dieses Kontinuums verlangt eine Änderungsstrategie eine sehr schnelle Durchsetzung, einen klaren Aktionsplan und geringe Mitwirkung anderer. Dieser Strategietyp geht über jeglichen Widerstand hinweg und resultiert im Extremfall in einem Überraschungscoup. Am anderen Ende des Kontinuums verlangt die Strategie einen viel langsameren Änderungsprozeß, einen sehr flexiblen Plan und die Einbeziehung vieler Betroffener. Dieser Strategietyp ist dazu geschaffen, Widerstand auf ein Minimum zu reduzieren.[18]

SCHNELL ◄	LANGSAMER ►
Klare Planung	Keine klare Planung am Anfang
Geringe Einbeziehung anderer	Starke Einbeziehung anderer
Versuch, jeglichen Widerstand zu brechen	Versuch, jeglichen Widerstand zu minimieren
SITUATIONSABHÄNGIGE SCHLÜSSELVARIABLEN	
Ausmaß und Art des erwarteten Widerstands	
Position des Initiators gegenüber den Widerständlern (in Kategorien wie Macht, Vertrauen usw.)	
Einordnung wichtiger Daten, die für ein Veränderungskonzept benötigt werden, und der Energie, die zur Durchsetzung erforderlich ist	
Betroffene Interessen (z. B. Vorhandensein oder Nichtexistenz einer Krise, Konsequenzen von Widerstand oder eines Verzichts auf Änderungen)	

Abb. 2-2: Strategisches Kontinuum

Je weiter man auf der linken Seite des Kontinuums in Abbildung 2-2 operiert, desto mehr tendiert man zur Ausübung von Zwang und um so weniger zur Nutzung anderer Methoden – insbesondere der Mitwirkung; rechts gilt das Gegenteil.
Bemühungen um organisatorische Veränderungen, die auf unvereinbaren Strategien basieren, führen vermutlich zu Problemen. Zum Beispiel führen Ansätze, die nicht klar im voraus geplant und außerdem schnell ausgeführt werden, dazu, infolge nicht erwarteter Probleme zu versanden. Bemühungen, die eine große Zahl von Menschen betreffen, aber schnell ausgeführt werden, bleiben gewöhnlich ebenfalls stecken oder tendieren zu weniger Mitwirkung.

Situationsbezogene Faktoren

Der genaue Punkt, an dem Veränderungsbemühungen auf dem Kontinuum in Abbildung 2-2 strategisch positioniert werden sollten, hängt von vier Faktoren ab:

1. Vom Ausmaß und der Art des Widerstandes, der erwartet wird. Unter der Voraussetzung, daß alle anderen Faktoren gleichbleiben, gilt: Je größer der erwartete Widerstand, desto schwieriger

wird es sein, ihn einfach zu überwinden, und um so mehr wird der Manager sich zur rechten Seite des Kontinuums hin bewegen müssen, um einen Ansatz zu finden, den Widerstand etwas zu reduzieren.[19]

2. Von der Position des Initiators gegenüber Widerständlern, insbesondere unter Machtaspekten. Je weniger Macht der Initiator über andere hat, desto mehr muß sich der anregende Manager zum Rand des Kontinuums hin bewegen.[20] Umgekehrt stimmt auch: Je stärker die Position des Initiators ist, desto weiter kann er sich nach links bewegen.
3. Von der Person, die die wichtigsten Daten für das Konzept einer Veränderung besitzt und die Energie, sie durchzusetzen. Je mehr die Initiatoren erwarten, daß sie Informationen und Zustimmung von anderen benötigen, um die Veränderungen zu konzipieren und durchzusetzen, desto mehr müssen sie sich nach rechts bewegen.[21] Das Sammeln nützlicher Informationen und die Einbindung wichtiger Personen erfordert Zeit und die Einbeziehung anderer.
4. Von der Interessenlage. Je größer die kurzfristigen Risiken für die Leistung und die Überlebensfähigkeit der Organisation sind, wenn die bestehenden Verhältnisse nicht geändert werden, desto mehr muß man sich nach links bewegen.

Bemühungen um organisatorische Veränderungen, die diese Faktoren ignorieren, münden unvermeidlich in Probleme. Ein üblicher Fehler, den einige Manager z. B. machen, ist zu schnelles Vorgehen und nicht ausreichende Einbeziehung anderer, obwohl sie selbst nicht sämtliche Informationen besitzen, die sie wirklich benötigen, um die Änderung korrekt konzipieren zu können.

Weil diese Faktoren dem Manager einen Spielraum belassen, an welcher Stelle des Kontinuums er arbeiten will, ist es wahrscheinlich am besten, einen Punkt zu suchen, der – aus wirtschaftlichen wie aus sozialen Gründen – so weit rechts wie möglich liegt. Das Erzwingen von Änderungen kann zu viele negative Nebeneffekte haben, sowohl kurz- als auch langfristig gesehen. Änderungsbemühungen, die die rechts genannten Strategien des Kontinuums einsetzen, können dagegen dazu beitragen, daß sich eine Organisation und ihre Mitglieder in sinnvoller Weise entwickeln.[22]

Manchmal bleibt Managern trotz ihrer Kenntnis der vier Faktoren keine bequeme und klare Entscheidung. Stellen Sie sich eine Situation vor, in der ein Manager eine schwache Position gegenüber denjenigen hat, denen er die Änderung verordnen muß, und der außerdem mit ernsthaften Problemen konfrontiert wird, wenn die Änderung nicht unverzüglich ausgeführt wird. Ein solcher Manager ist eindeutig gebunden. Wenn er es nicht irgendwie schafft, seine Macht in dieser Situation auszubauen, wird er gezwungen sein, eine Kompromißstrategie zu wählen und damit harte Zeiten durchzustehen.

Konsequenzen für Manager

Ein Manager kann die Aussichten auf den Erfolg seiner Bemühungen um organisatorische Änderungen verbessern, indem er

1. eine Analyse über die derzeitige organisatorische Situation erstellt, die Probleme und Zwänge identifiziert und die möglichen Ursachen dieser Probleme herausfindet; die Analyse sollte die tatsächliche Bedeutung der Probleme spezifizieren, die Schnelligkeit, mit der diese Probleme angegangen werden müssen, wenn zusätzliche Schwierigkeiten verhindert werden sollen, und die Art der Änderungen, die im allgemeinen erforderlich sind;
2. die zur Durchsetzung der erforderlichen Änderungen wichtigen Faktoren untersucht; diese Analyse sollte sich auf die Fragen konzentrieren, wer der Änderung warum wieviel Widerstand entgegensetzen könnte, wer über Informationen verfügt, die für das Veränderungskonzept benötigt werden, wessen Kooperation bei der Ausführung wichtig ist, welche Position der Initiator gegenüber anderen wichtigen Parteien unter den Gesichtspunkten von Macht, Vertrauen, wechselseitiger Beeinflussung usw. hat;
3. eine Veränderungsstrategie auswählt, die auf einer vorangegangenen Analyse basiert, welche die Schnelligkeit der Änderung, die Kosten der Vorplanung und das Ausmaß der Mitwirkung anderer spezifiziert; diese Strategie schließt eine Auswahl spezifischer Taktiken für den Umgang mit verschiedenen Individuen und Gruppen ein und muß in sich schlüssig sein;
4. den Prozeß der Durchsetzung der Veränderung überwacht; unabhängig davon, wie gut man die Aufgabe löst, eine Veränderungsstrategie und -taktik auszuwählen, wird sich während der

Durchsetzung irgend etwas Unerwartetes ereignen; nur bei sorgfältiger Überwachung des Prozesses kann man das Unerwartete rechtzeitig identifizieren und vernünftig darauf reagieren.

Gute Menschenführung ist selbstverständlich der Schlüssel für die Umsetzung dieser Analyse. Aber selbst hervorragende Menschenführung wird die schlechte Wahl einer Strategie oder Taktik nicht wettmachen. In einer Geschäftswelt, die durch immer mehr Dynamik gekennzeichnet ist, sind die Konsequenzen einer zu nachlässigen Methodenwahl sehr ernst zu nehmen.

Leadership läßt sich lernen*

Leadership ist einfach nicht dasselbe wie Management, wenn auch aus anderen Gründen als denen, die in dieser Sache zumeist angeführt werden. Weder ist Leadership etwas Mystisches noch etwas Mysteriöses, und von Charisma hängt echte Führungskunst sowenig ab wie von irgendwelchen exotischen Charaktereigenschaften sonst. Auch ist Leadership beileibe nicht das Feld einiger weniger Auserwählter – ganz zu schweigen von der Meinung, »richtige« Führung sei zwangsläufig etwas Besseres als gewöhnliches Management und sollte daher nach Möglichkeit an dessen Stelle treten.

Vielmehr ist es so: Leadership und Management stellen zwei unterschiedliche, aber sich ergänzende Handlungsmuster dar. Jedes dieser Muster ist bestimmt durch eine jeweils spezifische Funktion und charakteristische Vorgehensweise; beide sind für den Erfolg einer Organisation in ihrem immer komplizierter und unberechenbarer werdenden Umfeld unentbehrlich.

Derzeit sind die meisten amerikanischen Unternehmen »overmanaged« und »underled«. Daher stehen sie vor der Aufgabe, bei sich selbst die Fähigkeit zum Führen zu entwickeln. Erfolgreiche Firmen warten nicht ab, bis ihnen Führungspersönlichkeiten per Zufall ins Haus schneien – aktiv suchen sie in den eigenen Reihen nach Leuten mit Führungstalent und setzen sie im Lauf ihrer Karriere bewußt Erfahrungen aus, die ihre Begabungen voranbringen. Und tatsächlich können in vielen Unternehmen – bei sorgsamer Auswahl, Förderung und Ermutigung – Dutzende von Mitarbeitern anschließend Führungsrollen übernehmen.

Über ihren Bemühungen, die Bereitschaft und Kraft zum Führen aufzubessern, sollten Unternehmen freilich nicht vergessen, daß ei-

* Dieser Artikel erschien zum ersten Mal in der Mai-Juni-Ausgabe 1990 des *Harvard Business Review* unter dem Titel »What Leaders Really Do«, dt. erschienen in *Harvard Business Manager* 1/1991, übersetzt von Dr. Karen Lührs.

ne starke Führung mit einem schwachen Management keine Vorteile beschert und diese Kombination manchmal noch schlechter sein kann als die umgekehrte. Was Unternehmen wirklich brauchen, ist eine ausgewogene Verbindung von entschiedener Führung und starkem Management.

Natürlich ist nicht jeder gleichermaßen gut geeignet zum Führen und zum Managen. Mancher hat das Zeug zu einem exzellenten Manager, aber nicht zu einem starken Führer. Andere geben großartige Führungspersönlichkeiten ab, tun sich aber – aus einer Vielzahl von Gründen – schwer mit der Managerrolle. Tüchtige Firmen schätzen beide Talente und strengen sich an, die einen wie die anderen in ihren Mitarbeiterstamm zu integrieren.

Geht es aber darum, nun bestimmte Leute auf Führungspositionen vorzubereiten, dann schlagen die gleichen Unternehmen oft sämtliche wissenschaftlichen Erkenntnisse aus jüngster Zeit in den Wind, die da besagen: Niemand kann Leader und Manager in einem sein. Statt das zu beherzigen, versucht man, sich »Leader-Manager« heranzuziehen. Wenn ein Unternehmen jedoch den elementaren Unterschied zwischen Leadership und Management begreift, kann es getrost darangehen, seine Spitzenleute so zu schulen, daß sie später die eine oder die andere Rolle übernehmen können.

Der Unterschied zwischen Management und Leadership

Management hat vor allem mit dem Phänomen Komplexität zu tun. Deswegen reflektieren die Methoden und Vorgehensweisen praktischer Betriebsführung auch zu einem erheblichen Teil das Aufkommen der Großunternehmen, einen der bedeutsamsten Vorgänge im 20. Jahrhundert. Ohne gutes Management neigen diese komplexen Organisationen dazu, sich chaotisch zu entwickeln, und zwar in einer Weise, die ihre Existenz ernsthaft gefährdet. Eine gut funktionierende Betriebsführung sorgt – besonders im Hinblick auf solche Schlüsselkriterien wie Qualität und Rentabilität der Produkte – für ein ausreichendes Maß an Ordnung und Beständigkeit.

Dagegen ist Leadership – Führung im eigentlichen Sinne – mit dem Gedanken des Wandels verbunden. Weil die Konkurrenzkämpfe immer härter und die Wettbewerbsbedingungen immer instabiler werden, wurde echte Führung in den letzten Jahren zunehmend wichtiger. Schnellere technologische Veränderungen, wachsende Internationalisierung des Wettbewerbs, Marktderegulierungen, Überkapazitäten in kapitalintensiven Branchen, ein unberechenbares Ölkartell, mit Junk Bonds finanzierte Übernahmeattacken und die veränderten Strukturen der Belegschaften sind nur einige der Facetten des sich unaufhörlich vollziehenden Wandels. Vorgehen wie gestern oder es um fünf Prozent besser machen als im Jahr zuvor, das reicht nicht mehr. Größere Veränderungen sind immer dringlicher geboten, um in dem neuen Umfeld überleben und konkurrenzfähig bleiben zu können. Mehr Veränderungen erfordern aber stets ein Mehr an wirklicher Führung.

Lassen Sie es mich mit einem einfachen Vergleich sagen: In Friedenszeiten kommt das Militär mit einer guten Verwaltung und einem guten Management, das alles von oben her regelt, völlig aus, sofern sich das noch mit einer guten, an der Spitze konzentrierten Armeeführung verbindet. In Kriegszeiten hingegen braucht eine Streitmacht gute Führer auf allen Ebenen. Bis heute konnte noch niemand herausfinden, wie man Soldaten wirkungsvoll in die Schlacht managt; sie müssen dahin geführt werden.

Diese unterschiedlichen Zwecke – Umgehen mit der Komplexität und Umgehen mit dem Wandel – prägen das unterschiedliche Vorgehen von Management und Leadership auf bezeichnende Weise. Beide Handlungsmuster gleichen sich in einem – sie sind mit Entscheidungen darüber verbunden, welche Maßnahmen erfolgen müssen, welches Personalgefüge dafür geschaffen werden muß und schließlich, wie die gesetzte Tagesordnung bewältigt und wie das wiederum kontrolliert werden soll. Der Unterschied beider Muster zeigt sich darin, daß sie diese drei Aufgaben auf getrennten Wegen erfüllen.

Unternehmen gehen Komplexität in erster Linie mit Hilfe von *Planung* und *Budgetierung* an – sie setzen sich für die Zukunft Ziele und Termine (üblicherweise für den nächsten Monat oder das folgende Jahr), legen en detail Schritte zur Erreichung dieser Ziele fest und weisen dann die dazu erforderlichen Ressourcen aus.

Demgegenüber heißt ein Unternehmen führen, den Wandel gestalten, was damit beginnt, *eine Marschrichtung vorzugeben* – durch das Entwerfen einer Zukunftsvision (oftmals einer ferneren Zukunft) samt zugehörigen Strategien, mit denen die Veränderungen

bewirkt werden sollen, die es braucht, damit diese Vision konkrete Gestalt annimmt.
Zur Verwirklichung seiner Planung stützt sich Management auf *Organisation* und *Stellenbesetzung*, d. h.: es schafft sich eine Organisations- und Personalstruktur, die den Planerfordernissen Rechnung trägt; Stellen werden mit qualifizierten Leuten besetzt, die das Management über die Planung unterrichtet; Verantwortlichkeiten bei der Planausführung werden delegiert und Kontrollen installiert, mit denen sich die Planausführung steuern läßt. Dementsprechend ist echter Führung daran gelegen, *Mitarbeiter einzuschwören* auf das gemeinsame Ziel, d. h.: die neue Richtung verdeutlichen, zumal denjenigen, die sich mit anderen verbünden, um die Vision zu verstehen und sich für ihre Realisierung stark zu machen.
Die Ausführung des Geplanten schließlich stellt Management sicher durch *Controlling* und *Problem Solving*: Soll- und Ist-Resultate werden im einzelnen ermittelt und miteinander verglichen – auf formelle wie informelle Weise, mit Hilfe von Berichten, Arbeitssitzungen oder anderen Techniken; Abweichungen vom Plan werden festgehalten und danach planerische oder organisatorische Maßnahmen zur Lösung der Probleme ergriffen.
Leadership dagegen muß sich zur Realisierung einer Vision aufs Motivieren und Inspirieren verlegen: Es gilt, Menschen – trotz aller Widerstände gegen den Wandel – in die richtige Richtung zu führen, indem man sie an elementare, aber oft auch verschüttete menschliche Bedürfnisse erinnert, an Wertvorstellungen und Emotionen.
Wenn wir diese Aktivitäten noch etwas genauer untersuchen, werden wir deutlicher erkennen können, welches die besonderen Fähigkeiten sind, die echte Führungspersönlichkeiten brauchen.

Setzen einer Richtung versus Planen und Budgetieren

Da die Aufgabe echter Führung darin besteht, Veränderungen herbeizuführen, ist das Vorgeben der Richtung, in die solche Veränderungen erfolgen sollen, für Leadership jedenfalls fundamental. Eine Richtung festlegen ist nicht dasselbe wie Planen, nicht einmal wie Planen auf lange Sicht, obgleich viele das in einen Topf werfen. Planen ist ein Managementverfahren, seiner Natur nach deduktiv und

dazu bestimmt, ordentliche Ergebnisse zu produzieren und nicht Veränderungen. Das Setzen einer Richtung dagegen vollzieht sich eher induktiv. Führungspersönlichkeiten (Leader) bringen Mengen an Daten zusammen und prüfen sie auf Regelmäßigkeiten, innere Zusammenhänge und Beziehungen, die geeignet sein könnten, Sachverhalte zu erklären. Vor allem aber, Richtung ausweisen bedeutet nicht Pläne aufstellen; es bringt eine Vision und passende Strategien hervor. Gemeinsam stehen sie für ein bestimmtes Handeln, für eine Technik oder Unternehmenskultur, durch die aufgezeigt wird, was in geraumer Zeit Wirklichkeit werden sollte und welcher Weg vernünftigerweise dahin führt. (Siehe »Die Richtung vorgeben – Lou Gerstner bei American Express« am Ende dieses Kapitels.)
Die meisten Debatten über unternehmerische Visionen neigen dazu, ins Mystische abzugleiten. Da macht sich dann die stille Vermutung breit, eine Vision sei etwas Geheimnisvolles, das zu besitzen normal Sterblichen – und mögen sie noch so begabt sein – ewig verwehrt bleiben müsse. Aber das Entwickeln einer guten geschäftlichen Kursvorgabe hat mit Zauberei nichts zu tun. Es ist harte Arbeit, manchmal ein Vorgang, bei dem Informationen äußerst mühsam zusammengetragen und analysiert werden. Leute, die derlei Visionen artikulieren, sind keine Zauberer, sondern nüchtern und strategisch denkende Menschen, die die Übernahme von Risiken nicht schreckt.
Visionen und Strategien brauchen auch nicht brillant neuartig zu sein – einige der besten sind das gerade nicht. In der Regel sind schlagkräftige geschäftliche Visionen von recht irdischer Natur und beruhen auf Ideen, die nahezu jeder kennt. Neu mag vielfach nur die spezifische Verknüpfung oder Anwendung dieser Ideen sein, aber zuweilen ist noch nicht einmal das der Fall.
Als Jan Carlzon, Chef von Scandinavian Airline Systems, z. B. seine Vision vortrug, SAS für die vielfliegenden Geschäftsreisenden zur attraktivsten Fluglinie der Welt zu machen, sagte er in keinem Punkt etwas, das man in der Branche nicht längst wußte. Geschäftsreisende fliegen regelmäßiger und häufiger als Fluggäste aus anderen Marktsegmenten; sie sind im allgemeinen bereit, höhere Flugpreise zu zahlen. Die Konzentration auf diese Zielgruppe ermöglicht einer Fluglinie daher hohe Gewinne, stetige Auslastung und beträchtliches Wachstum. Aber in einer Branche, die eher für ihre Bürokratie als für ihre Phantasie bekannt ist, hatte bisher noch keine Gesell-

schaft diese einfachen Gedanken zusammengebracht und umgesetzt: Das machte nun SAS, und es funktionierte.
Das Entscheidende an einer Vision ist nicht ihr Grad an Originalität, sondern wie gut sie den Interessen aller wichtigen Gruppen von Beteiligten dient – Kunden, Eigentümern, Beschäftigten – und wie leicht sie in eine realistische Wettbewerbsstrategie umzumünzen ist. Schlechte Visionen vernachlässigen gern legitime Bedürfnisse und Rechte wichtiger Gruppen – begünstigen etwa die Angestellten zum Nachteil der Kunden oder Aktionäre. Oder sie sind strategisch nicht machbar. Wenn ein Unternehmen in einer Branche immer ein kleines Licht war und plötzlich davon faselt, Nummer eins werden zu wollen, dann handelt es sich um ein Hirngespinst und keine Vision.
Einer der häufigsten Fehler, den Unternehmen begehen, die sich als »overmanaged« und »underled« erweisen, besteht darin, langfristige Planung für ein Wundermittel zu halten, das gegen die Richtungslosigkeit und die Unfähigkeit hilft, sich einem zunehmend wettbewerbsorientierten und dynamischen Marktumfeld anzupassen. Diesem Denken liegt ein unzulängliches Verständnis von dem zugrunde, was »Richtung vorgeben« bedeutet – im Ergebnis kommt dabei nichts heraus.
Langfristplanung ist allemal eine zeitraubende Sache. Wenn immer etwas Unvorhergesehenes geschieht, müssen die Pläne revidiert werden. Bei der Marktdynamik heute wird das Unerwartete schnell zur Norm und Langzeitplanung zu einem außergewöhnlich mühevollen Geschäft. Aus diesem Grunde verkürzen besonders erfolgreiche Unternehmen auch den Zeitrahmen ihrer Planungstätigkeit. Manchen erscheint Langzeitplanung begrifflich sogar als ein Widerspruch.
In einem Unternehmen ohne Richtung kann sich selbst kurzfristige Planung in ein schwarzes Loch verwandeln, in dem ungeheure Mengen an Zeit und Energie verschwinden. Ohne Vision und Strategie, die dem Planungsprozeß Grenzen setzen oder ihn anleiten, bedarf jeder Eventualfall eines Plans. Unter solchen Umständen kann Planung in eine Endlosveranstaltung umschlagen, die die eigentlich wichtigen Aufgaben Zeit und Aufmerksamkeit raubt und dem Unternehmen die klare, dringend erwünschte Vorstellung davon schuldig bleibt, wohin die Reise denn gehen soll. Manager läßt so etwas nach einer Weile unvermeidlich zynisch werden, und das Planungsprocedere verkommt zu einem höchst suspekten politischen Spielchen.

Am besten funktioniert Planen, wenn es kein Ersatz für die Suche nach einer Perspektive sein will, sondern diese Aufgabe ergänzt. Eine sachkundige Planung ist von hohem Nutzen, um die Überlegungen zum Festlegen einer Richtung auf ihren Realismus hin zu überprüfen. Und auf ähnliche Weise liefert ein gekonntes Vorgehen bei der Richtungsbestimmung einen Fixpunkt, an dem sich realistisches Planen orientieren kann. Denn er hilft klarzumachen, welche Art von Planung wesentlich und welche unwesentlich ist.

Mitarbeiter einschwören versus Organisieren und Stellen besetzen

Ein Kernmerkmal moderner Organisationen sind ihre wechselseitigen inneren Abhängigkeiten, in deren Folge niemand völlig selbständig ist und die meisten Beschäftigten durch ihre Tätigkeit, Technik, Führungsmethoden und Hierarchie eng miteinander zusammenhängen. Diese Verkettungen stellen ein besonderes Problem dar, wenn Unternehmen an Veränderungen herangehen. Falls sich viele einzelne nicht zusammenfinden, um gemeinsam in dieselbe Richtung zu marschieren, werden tendenziell alle übereinander stolpern. Für Vorgesetzte, übermäßig geschult in Management, doch unterdurchschnittlich vorbereitet auf echte Führung, mag der Gedanke, Leute in eine Richtung zu dirigieren, lediglich als eine Frage der Organisation erscheinen. Doch es geht hier nicht um Organisieren, sondern darum, Leute auf ein gemeinsames Ziel einzuschwören.

Manager »organisieren«, um Menschen Ordnungen zu schaffen, in denen sie Pläne so genau und so effizient wie möglich umsetzen können. Dazu sind in der Regel eine Anzahl äußerst komplexer Entscheidungen erforderlich. Ein Unternehmen muß eine bestimmte Personalausstattung beschließen, Verantwortlichkeiten festlegen, Stellen mit geeigneten Personen besetzen, diese gegebenenfalls auch ausbilden, die Belegschaft von Planungen in Kenntnis setzen und entscheiden, wem welche Kompetenzen (und in welchem Umfang) übertragen werden sollen. Darüber hinaus muß für ökonomische Anreize zur Planerfüllung sowie für Maßnahmen zur Kontrolle der Planumsetzungsschritte gesorgt werden. All diese organisatorischen

Festlegungen ähneln sehr den Entscheidungen bei einem Bauvorhaben: Alles muß in ein gegebenes Umfeld passen.
Menschen auf ein Fernziel ausrichten ist etwas anderes, denn das ist eher eine kommunikative Herausforderung als ein Gestaltungsproblem. (Siehe »Mitarbeiter auf ein Ziel einschwören – Chuck Trowbridge und Bob Crandall bei Eastman Kodak« am Ende dieses Kapitels.) Ein Manager, der Menschen auf eine Richtung einschwören möchte, muß unvermeidlich mit viel mehr Personen sprechen als in dem Fall, wo er eine Organisationsstruktur aufzubauen hat. Zur Zielgruppe können dann ebenso seine Untergebenen, Vorgesetzte, Kollegen und Mitarbeiter anderer Abteilungen gehören sowie Lieferanten, Regierungsvertreter und Kunden. Jeder ist wichtig, der ihm bei der Umsetzung von Vision und Strategien helfen oder zum Hemmschuh werden kann.
Menschen die Vision von einer anderen Zukunft begreiflich zu machen, ist zudem ein Kommunikationsproblem größeren Zuschnitts als jenes, bei dem es darum geht, sie zur Erfüllung eines kurzfristigen Plans zu mobilisieren. Es läuft ja auch nicht auf dasselbe hinaus, ob ein Fußballtrainer seiner Mannschaft die Taktik für die nächsten zwei oder drei Spiele erläutert oder das völlig neue System, nach dem in der zweiten Saisonhälfte gespielt werden soll.
Solche Botschaften können wortreich oder mittels einiger sorgsam ausgesuchter Symbole übermittelt werden – aber sie werden nicht schon einfach deshalb akzeptiert, weil sie verstanden wurden. Dazu bedarf es einer weiteren Voraussetzung – Glaubwürdigkeit. Leader müssen erreichen, daß die Leute die Botschaft ernst nehmen. Vieles beeinflußt die Glaubwürdigkeit: die bisherige Erfolgsbilanz des Botschaftsverkünders; sein Ansehen bezüglich seiner persönlichen Integrität und Vertrauenswürdigkeit; der Inhalt der Botschaft; die Übereinstimmung zwischen Worten und Taten.
Das Verpflichten auf ein gemeinsames Ziel bestärkt am Ende alle in einer Weise, wie das Organisieren es selten erreicht. Einer der Gründe, warum es manchen Organisationen so schwerfällt, sich auf Veränderungen am Markt oder auf technische Neuerungen einzustellen, besteht in dem Gefühl von Ohnmacht, das viele Mitarbeiter dieser Unternehmen empfinden. Aus Erfahrung wissen sie, daß es stets jemanden über ihnen gibt, dem das, was sie tun, mißfällt – selbst dann, wenn sie wichtige externe Veränderungen rechtzeitig bemerkt und darauf angemessen reagiert haben. Maßregelungen können

höchst unterschiedlich sein: »Das widerspricht unserer Politik«; »Das können wir uns nicht leisten«; »Seien Sie still und tun Sie, was man Ihnen gesagt hat.«
Derlei Widerstände lassen sich durch Ausrichtung auf ein gemeinsames Ziel überwinden, weil das Mitarbeitern auf zweifache Weise Mut macht. Erstens: Sobald über den angepeilten Zielkurs in der Organisation überall Klarheit herrscht, können auch Beschäftigte auf unteren Ebenen Initiativen ergreifen, ohne dasselbe Ausmaß an Nackenschlägen befürchten zu müssen; solange ihr Handeln mit dem Generalkurs konform geht, werden Vorgesetzte schwerlich eine Handhabe finden, sie zu tadeln. Zweitens: Weil jeder dasselbe Ziel anstrebt, nimmt die Wahrscheinlichkeit ab, daß die Initiative des einen abgewürgt wird, wenn sie der eines anderen in die Quere kommt.

Menschen motivieren versus kontrollieren

Den Wandel herbeiführen ist Aufgabe von Leadership, ist sie doch imstande, Energie freizusetzen, sobald sich die unweigerlichen Widerstände gegen die Veränderungen zeigen. So wie das Setzen der Marschrichtung allen im Unternehmen den geeigneten Weg vorgibt und wirkungsvolles Einschwören der Mitarbeiter sie auf diesen Weg bringt, so sorgt erfolgreiches Motivieren dafür, daß sie voller Tatkraft auch alle auftauchenden Schwierigkeiten anpacken.
Der Logik von Management entspricht es, daß Kontrollen die konkreten Arbeitsergebnisse mit den Planvorgaben vergleichen und im Falle von Abweichungen Korrekturschritte veranlassen. In einer gut gemanagten Fabrik bedeutet das z. B., daß die Planung vernünftige Qualitätsziele festlegt, die Prozeßorganisation die Voraussetzungen für das Erreichen dieser Vorgaben schafft und ein Kontrollverfahren Qualitätsmängel sofort, nicht erst in 30 oder 60 Tagen, entdeckt und beseitigt.
Während Kontrolle beim Management der Organisation sehr wichtig ist, spielt hochmotiviertes oder inspiriertes Handeln beinahe keine Rolle. Dafür sollten die betrieblichen Abläufe so weit wie möglich störungssicher und risikofrei sein, was bedeutet, daß sie nicht von Dingen abhängen dürfen, die unüblich oder schwer erreichbar

sind. Aller Sinn betrieblicher Maßnahmen und Strukturen besteht darin, normalen und vorschriftsmäßig handelnden Leuten bei der Erledigung ihrer alltäglichen Aufgaben zu helfen. Das ist weder aufregend noch ruhmreich, aber so ist nun einmal Management.

Echte Führung ist anders. Wer große Visionen verfolgt, muß gelegentlich viel Energie aufbringen. Motivation und Inspiration spornen Menschen an, sich in die richtige Richtung zu bewegen – aber nicht, indem sie dahin auf eine Weise gedrängt werden, wie das Kontrollmaßnahmen tun, sondern durch das Befriedigen solch elementarer menschlicher Bedürfnisse wie Vorwärtskommen-Wollen, Sich-dazu-gehörig-Fühlen, Anerkennung, Selbstachtung, Selbstbestimmung, Leben können nach eigenen Werten. Diese Gefühle berühren uns zutiefst und lösen mächtige emotionale Reaktionen aus.

Fähige Führer motivieren auf vielen Wegen. Zunächst einmal sprechen sie über die Vision für das Unternehmen stets in einer Weise, die die Wertvorstellungen ihrer jeweiligen Zuhörerschaft berücksichtigt; jedem einzelnen wird dadurch die eigene Aufgabe bedeutungsvoller scheinen. Zudem beteiligen Führer die Leute regelmäßig an Entscheidungen darüber, wie sich die Vision (oder ein für den/die Betreffenden relevanter Teil von ihr) erreichen läßt – alle bekommen so ein Gefühl der Mitverantwortung. Des weiteren wirken Leader motivierend, indem sie Mitarbeiter in ihrem Einsatz für das Erreichen der Vision gezielt unterstützen: durch Coaching, Feedback und Vorbildfunktion; das hilft jedem, an seinen Aufgaben zu wachsen und sein Selbstwertgefühl zu steigern. Gute Führer erkennen und belohnen schließlich Erfolge, was den Mitarbeitern nicht nur einen Sinn für Leistung vermittelt, sondern auch das Gefühl, zu einem Unternehmen zu gehören, das auf sie zählt. Sollte all dies verwirklicht sein, wird die Arbeit selbst zu einer wirklich motivierenden Angelegenheit.

Je mehr Wandel das geschäftliche Umfeld prägt, desto mehr müssen echte Führer Mitarbeiter motivieren, sich selbst Führungsaufgaben zu stellen. Gelingt das, so wird sich echtes Führungshandeln im gesamten Unternehmen vervielfachen und über alle Ebenen ausbreiten. Und das ist höchst wünschenswert, denn die Bewältigung des Wandels erfordert in jeder komplexen Organisation, daß eine Menge Leute initiativ werden. Nichts sonst wird Erfolg haben. (Siehe »Menschen motivieren – Richard Nicolosi bei Procter & Gamble« am Ende dieses Kapitels.)

Natürlich stimmt das Führungshandeln verschiedener Seiten nicht notwendigerweise überein. Damit die vielfältigen Führungsrollen also nicht miteinander kollidieren, müssen sie durch gewisse Abstimmungsmechanismen in Einklang gehalten werden. Mit der Koordination der herkömmlichen Managementrollen ist das aber nicht gleichzusetzen.

Um Führungsaktivitäten zu koordinieren, ist ein tragfähiges Netz informeller Beziehungen erforderlich – von der Art wie in gesunden Unternehmenskulturen üblich. Obgleich ein solches Netz ähnlich funktioniert wie die formale Struktur, durch die die Aktivitäten des Managements koordiniert werden, besteht doch ein wesentlicher Unterschied: Informelle Geflechte werden auch den größeren Kommunikationsanforderungen gerecht, die sich für den Abstimmungsprozeß infolge unüblicher Verhaltensweisen und aus dem Wandel ergeben. Die Vielfalt der genutzten Kommunikationskanäle und das wechselseitige Vertrauen derer, die über diese Kanäle miteinander Verbindung halten, ermöglichen einen ständigen Prozeß der Abstimmung und Anpassung. Kommen Konflikte zwischen einzelnen Führungsrollen auf, dann helfen eben diese Beziehungen, sie zu lösen. Am wichtigsten vielleicht: Dieses Verfahren zur dialogischen Verständigung ist imstande, Ideen zu produzieren, die miteinander verknüpfbar und vereinbar sind, statt gegensätzlich und konkurrierend zu sein.

Natürlich gibt es in allen Unternehmen irgendwelche informellen Beziehungen. Aber häufig sind diese Netze entweder ziemlich schwach (einzelne sind bestens verbunden, die meisten anderen nicht) oder sie existieren nur höchst bruchstückhaft (innerhalb des Marketing- und des F+E-Bereichs mag es ausgebaute Netze geben, aber zwischen beiden Abteilungen nicht). Derartige Netzwerke sind dann auch ungeeignet, breitangelegte Führungsinitiativen zu unterstützen. Wo also eng geknüpfte Beziehungsgeflechte nicht existieren, sollten Unternehmen rasch daran gehen, sie aufzubauen.

Eine Führungskultur schaffen

Obwohl wirkliche Führung für den Unternehmenserfolg immer wichtiger wird, scheinen die Erfahrungen, die die meisten Leute bei ihrer Arbeit machen, die Entwicklung jener persönlichen Eigenschaften eher zu untergraben, die zum Führen gebraucht werden. Dennoch, einige Unternehmen haben ihre Fähigkeit immer wieder bewiesen, Mitarbeiter so zu fördern, daß sie die Rolle überragender »Leader-Manager« ausfüllten. Die Einstellung von Mitarbeitern mit Führungspotential ist nur der erste Schritt. Ebenso wichtig ist die Lenkung ihrer Laufbahnen. Manager in hohen Führungspositionen haben sehr häufig einen ähnlichen Werdegang hinter sich gebracht.

Vielleicht am auffälligsten und entscheidendsten: Diese Leute wurden in ihrer Karriere schon frühzeitig gefordert. Fast immer boten sich diesen Führungspersönlichkeiten im echten Sinne bereits in ihrem zweiten oder dritten Lebensjahrzehnt Möglichkeiten, sich in Führungsrollen zu bewähren, Risiken zu übernehmen und aus Triumphen wie Niederlagen zu lernen. Solche Lernprozesse scheinen wesentlich für die Entwicklung eines breiten Fächers von Führungsqualitäten und -perspektiven zu sein. Sie machen einsichtsvoller für das schwierige Problem Führung und das nicht weniger schwierige Problem, Veränderungen durchzusetzen.

In ihren Karrieren widerfuhr diesen Erfolgreichen später etwas ähnlich Bedeutsames – es läßt sich mit Erweiterung des Erfahrungshorizonts bezeichnen. Bevor sie ihre jeweiligen Positionen übernahmen, hatten diese Führungskräfte immer die Chance, den schmalen Pfad, der eine normale Managerkarriere kennzeichnet, zu verlassen. Sie betätigten sich in höchst unterschiedlichen Bereichen (ohne dabei unbedingt die Hierarchieebene zu wechseln), sind früh mit einer breiten Palette von Aufgaben betraut worden, hatten wichtige Aufgaben in speziellen Arbeitsgruppen gemeistert oder vielleicht einen Kurs in General Management hinter sich gebracht. Wie im Einzelfall auch immer, die Breite des Wissens, das auf diesen Wegen erworben wurde, scheint für alle Aspekte späterer Führungstätigkeit von Nutzen. Das gilt auch für das Netz an Beziehungen, das oft innerhalb und außerhalb des Unternehmens erworben wurde. Wenn möglichst viele Mitarbeiter Chancen wie diese bekommen, dann werden die interpersonellen Beziehungen, die sich dabei ergeben,

auch dazu beitragen, jene informellen Beziehungsnetze zu schaffen, die es braucht, um vielfache Führungsinitiativen zu unterstützen.
Unternehmen, die bei der Entwicklung von Führungspotentialen Überdurchschnittliches leisten, legen besonderen Wert darauf, relativ junge Talente mit beruflichen Herausforderungen zu konfrontieren. Der entscheidende Hebel ist vielerorts Dezentralisierung – sie verlagert Verantwortung nach unten, so daß auf den tieferen Ebenen mehr anspruchsvolle Aufgaben warten. Johnson & Johnson, 3M, Hewlett-Packard, General Electric und zahlreiche andere namhafte Firmen waren mit Dezentralisierung recht erfolgreich. Einige schufen zudem so viele kleine Einheiten wie möglich, wodurch auf unterer Ebene eine Menge lockender General-Manager-Positionen geschaffen wurden.
Manche dieser Firmen sorgen für weitere schwierige Bewährungschancen, indem sie sich Wachstum über neue Produkte oder Dienste verschreiben. Seit Jahren verfolgt 3M die Linie, daß mindestens 25 Prozent seines Ergebnisses durch Produkte erwirtschaftet werden soll, deren Einführung nicht mehr als fünf Jahre zurückliegt. Der Effekt? Ständig werden kleine Neuentwicklungen gewagt, die wiederum Hunderte von Gelegenheiten liefern, junge Führungstalente zu testen und zu stärken.
Derartige Praktiken eignen sich – fast wie von selbst – dazu, junge Mitarbeiter auf Führungspositionen in der unteren oder mittleren Ebene vorzubereiten. Aber das Heranführen an herausragende Führungsaufgaben erfordert die aktive, oft jahrelange Mitwirkung der erfahrenen Spitzenleute. Das beginnt mit dem Bemühen, Führungskräfte mit außergewöhnlichen Qualitäten beizeiten herauszupicken und zu erkennen, was zu ihrer Förderung im weiteren geschehen muß.
Dieses Vorgehen hat, wie gesagt, nichts von Zauberei. Die von erfolgreichen Unternehmen angewandten Methoden sind erstaunlich unkompliziert. Geradewegs sollen sie die Aufmerksamkeit der oberen Führungsebene auf junge Führungstalente lenken, die sich in den unteren Rängen der Organisation tummeln. Die Unternehmensspitzen befinden dann selbst darüber, wer das Zeug zum Führen hat und welche Förderung ihm gut tun wird. Die Verantwortlichen tauschen sich über ihre vorläufigen Einschätzungen aus und versuchen, so fundiert wie möglich zu urteilen.
Besteht ausreichend Klarheit, wer über beachtliches Führungspo-

tential verfügt und welche Fertigkeiten bei ihm noch vermittelt werden müssen, gehen die Verantwortlichen dieser Firmen daran, die Weiterbildung des Kandidaten zu planen. Manchmal geschieht das im Rahmen einer förmlichen Nachfolgeplanung oder eines speziellen Förderprogramms für Hochveranlagte; oft vollzieht sich das Ganze mehr informell. In jedem Fall dürfte das Hauptelement eine gescheite Einschätzung der Förderungsmöglichkeiten sein, die durchführbar sind und den Notwendigkeiten des Betreffenden entsprechen.

Um Manager zu ermutigen, sich an derartigen Förderungsmaßnahmen zu beteiligen, gehen manche gutgeführten Unternehmen dazu über, Anerkennungen und Belohnungen an die zu verteilen, die erfolgreich Führungskräfte heranbilden. Dies hat nur selten die Form einer regelrechten Vergütung oder einer Prämie, einfach deshalb, weil sich solche Leistungen nicht präzise messen lassen. Aber bei Beförderungsentscheidungen spielen solche Erfolge eine nicht unbedeutende Rolle, zumal auf den höheren Ebenen – und das zeigt Wirkung. Wenn jeder weiß, daß eine Beförderung auch von der nachgewiesenen Fähigkeit abhängt, Führungskräfte heranzubilden, werden selbst jene rührig, die eigentlich meinen, Führungsqualität könne nicht erworben werden – entweder habe man sie oder man habe sie nicht.

Solche Strategien schaffen eine Firmenkultur, in der Mitarbeiter eine starke Führung schätzen und zu ihrer Entstehung wirksam beitragen. So wie wir mehr Leute brauchen, die in den komplexen Unternehmen von heute Führungspositionen übernehmen, so brauchen wir auch mehr Leute, die eine Firmenkultur schaffen, in der sich solche Vorstellungen von Führung entwickeln können. Die feste Verankerung einer auf echte Führung ausgerichteten Firmenkultur ist das höchste, was Führungskunst überhaupt erreichen kann.

Die Richtung vorgeben
LOU GERSTNER BEI AMERICAN EXPRESS

Als Lou Gerstner im Jahr 1979 President von »Travel Related Services« (TRS) bei American Express wurde, stand dieser Geschäftsbereich vor einer der schwierigsten Aufgaben in der 130jährigen Geschichte des Unternehmens. In Konkurrenz zur eigenen Domäne boten gerade Hunderte von Banken die Kreditkarten Visa und MasterCard an oder bereiteten deren Einführung vor. Und mehr als zwei Dutzend Finanzdienstleistungsfirmen drängten in das Geschäft mit den Reiseschecks. Ein solch verschärfter Wettbewerb in einem gesättigten Markt drückt im allgemeinen die Gewinne und verhindert weiteres Wachstum.

Aber Gerstner gedachte sich damit nicht abzufinden. Schon ehe er bei American Express anheuerte, war er über fünf Jahre hinweg als Berater für den TRS tätig gewesen und hatte in dieser Zeit die Verluste in diesem Bereich ebenso analysiert wie die zunehmende Konkurrenz auf dem Markt der Kreditkarten. Mit großer Sorgfalt widmeten sich Gerstner und die Mitglieder seiner Arbeitsgruppe allen Fragen, die mit der Rentabilität, Marktbeschaffenheit und dem Wettbewerb in diesem Geschäft zusammenhingen; sie wurden darüber zu Experten, die das Geschäft von Grund auf verstanden. Allmählich nahm bei Gerstner die Vision von einem TRS Gestalt an.

Gerstner sah bei TRS genug Potential, um einen dynamischen Expansionskurs einzuschlagen – trotz des Ansturms der Bankenhundertschaften mit Visa und MasterCard. Den Hebel zur Aktivierung dieses Potentials bildete für ihn die Ausrichtung auf den globalen Markt und hier zumal auf die Schar der relativ wohlhabenden Kunden, denen American Express schon seit je her zu Spitzenprodukten verholfen hatte. Durch weitgehendes Segmentieren dieses Marktes, risikofreudiges Entwickeln einer breiten Palette neuer Produkte und Dienstleistungen sowie durch Investitionen, die die Produktivität steigern und die Kosten senken, wollte TRS diesen Kunden den bestmöglichen Service bieten – über genug Einkommen, um mehr Dienste in Anspruch zu nehmen als in der Vergangenheit, gebot dieser Adressatenkreis ja.

Noch in der Woche seiner Ernennung holte Gerstner die leitenden Mitarbeiter der Kreditkartenabteilung zusammen und stellte all die Prinzipien in Frage, die für das Betreiben dieses Geschäfts bislang Gültigkeit besessen hatten. Insbesondere bezweifelte der Neue, daß zwei weitverbreitete Überzeugungen richtig seien: daß die Abteilung nur ein bestimmtes Produkt haben dürfe, die grüne Karte, und daß das Wachstums- und Innovationspotential dieses Produktes recht begrenzt wäre.

Ebenso beeilte sich Gerstner, eine stärker unternehmerisch geprägte Firmenkultur zu fördern, Leute einzustellen und auszubilden, die darin »gedeihen« konnten und allen die Hauptmarschrichtung verständlich zu machen. Er und die anderen Spitzenmanager des Bereichs belohnten jedwede Bereitschaft zu einem wohlerwogenen Risiko. Um unternehmerisches Handeln zu erleichtern, drängten sie überflüssige Verwaltungsarbeit zurück. Zudem verschärften sie die Einstellungsrichtlinien und schufen das Weiterbildungsprogramm von TRS, mit dem vielversprechenden jungen Leuten eine Spezialausbildung, eine reiche Kollektion an Erprobungschancen und ein ungewöhnliches Maß an Kontakt zu Leuten im Topmanagement geboten wurde. Um bei allen TRS-Mitarbeitern die Bereitschaft zur Übernahme von Risiken zu verstärken, entwickelte Gerstner das »Great Performers Program«, um wirklich herausragende Leistungen im Kundenservice – ein Grundgebot im Selbstverständnis des Unternehmens – anzuerkennen und zu belohnen.

Dank dieser Initiative wurden in kurzer Zeit neue Märkte erschlossen sowie neue Produkte und Dienste angeboten. In Übersee weitete TRS seine Präsenz erheblich aus: 1988 wurde die Karte von American Express auf 29 Währungen ausgestellt, zehn Jahre zuvor waren es nur elf gewesen. Außerdem konzentrierte man sich mit Nachdruck auf zwei Marktsegmente, die herkömmlicherweise keine große Rolle gespielt hatten: zum einen Hochschüler, zum anderen Frauen. 1981 legte TRS sein Kreditkarten- und sein Reisescheckgeschäft zusammen, um Kundenfirmen ein einheitliches Servicesystem zur Überprüfung und Abrechnung der Reisespesen bieten zu können. Und bis 1988 hatte sich AmEx zum fünftgrößten Katalogversender der USA entwickelt.

Zu den weiteren neuen Produkten und Serviceleistungen gehören unter anderem die 90-Tage-Versicherung für alle Käufe, die mit der AmEx-Karte getätigt wurden, eine Platin American Express Karte und eine Kreditkarte namens Optima, die nach dem Revolving-Prinzip funktioniert. 1988 ging das Unternehmen zur Image-Processing-Technik über, durch die die monatliche Abrechnung für den Kunden erleichtert und die Fakturierungskosten um 25 Prozent gesenkt werden konnten.

Infolge dieser Neuerungen stiegen die Jahresüberschüsse von TRS zwischen 1978 und 1987 um erstaunliche 500 Prozent – pauschal entspricht das einer Erhöhung von 18 Prozent pro Jahr. Mit solch einer Leistung überrundete American Express viele der High-Tech- oder High-Growth-Unternehmen. Und mit einer Rendite auf das Eigenkapital von 28 Prozent übertraf AmEx sogar die meisten Low-Growth-, jedoch High-Profit-Betriebe.

Mitarbeiter auf ein Ziel einschwören
CHUCK TROWBRIDGE UND BOB CRANDALL BEI EASTMAN KODAK

In den frühen 70er Jahren stieg Eastman Kodak in den Markt für Kopierer ein. Das Unternehmen gab dem Segment technisch hochentwickelte Geräte den Vorzug, wo für eine Einheit im Schnitt 60 000 Dollar auf den Tisch gelegt werden mußten. In dem anschließenden Jahrzehnt spülte dieses Geschäft Erlöse von nahezu einer Milliarde Dollar in die Kassen. Aber die Kosten waren hoch, Gewinne nicht leicht herauszuholen und Schwierigkeiten gab es an allen Ecken. Und so mußte Kodak 1984 rund 40 Millionen Dollar auf die Bestände an Ladenhütern abschreiben.

Den meisten Leuten im Unternehmen war nicht entgangen, daß es Probleme gab, aber sie wußten nicht, auf welchen Ausweg sie sich verständigen könnten. Als dann Chuck Trowbridge Leiter der 1984 geschaffenen Produktgruppe »Neue Kopiersysteme« geworden war, sprach er in seinen ersten beiden Monaten mit fast jedem wichtigen Mitarbeiter in seinem Team und dazu mit allen anderen, die irgendwo bei Kodak für das Kopierergeschäft von Bedeutung sein konnten. Ein besonders entscheidender Bereich war dabei die von Bob Crandall geleitete Konstruktions- und Fertigungsabteilung.

Von ihr hegten Trowbridge und Crandall eine besonders klare Vorstellung: Sie sollte erstklassig in der Welt werden, und zu diesem Zweck galt es, eine weniger bürokratische und stärker dezentralisierte Organisation zu schaffen. Aber den Mitarbeitern ließ sich dieses Konzept nicht leicht vermitteln, denn es bedeutete einen radikalen Bruch mit den bisherigen Kommunikationsbräuchen – nicht bloß im Bereich Kopiermaschinen, sondern quer durch weite Teile des Unternehmens. Daher stellte Crandall eine Menge an, um den neuen Kurs zu erläutern und die Betriebsangehörigen von Kodak zum Mitziehen zu veranlassen: Da fanden wöchentlich Sitzungen mit seinen engsten zwölf, ihm direkt unterstellten Mitarbeitern statt; da gab es jeden Monat das »Copy Product Forum«, bei dem sich jeweils andere Mitarbeiter aus Crandalls Abteilungen mit ihm zusammensetzten; da trafen sich alle Vierteljahre sämtliche 100 zu seinem Verantwortungsbereich gehörenden Vorgesetzten, um die neuesten Verbesserungen und weiteren Vorhaben zu diskutieren und so anschließend möglichst noch bessere Ergebnisse zu erreichen; und vierteljährlich wurden »State of the Department«-Konferenzen abgehalten, auf denen Crandalls Manager mit allen Mitarbeitern ihrer Abteilungen zusammenkamen.

Einmal im Monat trafen sich Crandall und seine engsten Mitarbeiter mit 80 bis 100 Leuten, jeweils aus einem bestimmten Arbeitsbereich, um mit ihnen jedes

Thema zu besprechen, das ihnen dort vorgeschlagen wurde. Um auch seinen größten Zulieferer – die Kodak-eigene Apparatus Division, von der ein Drittel der für seine Kopierer benötigten Teile kam –, auf seine Marschroute einzuschwören, verabredeten sich Crandall und seine engsten Führungsleute jeden Donnerstag mit den leitenden Vertretern dieser Division zum Lunch. Vor kurzem richtete er eine weitere Plattform für Gespräche ein – die »Business Meetings«: Auf diesen besprechen seine Manager mit zwölf bis 20 ausgewählten Mitarbeitern ein spezielles Thema, beispielsweise Lagerhaltung oder Zeitplanung. Crandall verfolgt dabei die Absicht, daß jeder der ihm unterstellten 1500 Angestellten mindestens einmal pro Jahr an einer solchen thematisch fixierten Veranstaltung teilnimmt.
Trowbridge und Crandall wandten sich überdies auch schriftlich an die Mitarbeiter, um ihr Anliegen voranzutreiben. So wurde allen Angestellten einmal im Monat ein vier bis acht Seiten langes »Copy Products Journal« zugeschickt; eine Initiative mit Namen »Dialog Letters« eröffnet den Beschäftigten die Möglichkeit, Crandall und seinen Spitzenleuten anonyme Fragen zu stellen – mit der Zusicherung auf eine Antwort. Aber die auffälligste und wirkungsvollste Form schriftlicher Kommunikation waren die schwarzen Bretter. Deutlich aufbereitet informierten in einer großen Durchgangshalle nahe der Cafeteria große Wandbilder darüber, wie es bei jedem Produkt um Qualität, Kosten und Auslieferungen stand – immer im Vergleich mit den Sollzahlen. Rund hundert kleinere dieser Anschlagtafeln wurden über den gesamten Bereich der Fertigung verteilt und unterrichteten über Leistungsstandards und Aufwendungen bei den verschiedenen Arbeitsgruppen.
Nach sechs Monaten – und deutlicher noch nach einem Jahr – begann diese große Anstrengung, die Mitarbeiter intensiv auf ein Ziel einzuschwören, Wirkung zu zeigen. Die Fortschritte sorgten dafür, daß die Botschaft noch glaubwürdiger wurde, und sie halfen, daß immer mehr Mitarbeiter auf den Zug aufsprangen. In den Jahren zwischen 1984 und 1988 wurde die Qualität einer der Hauptproduktgruppen um fast das Hundertfache gesteigert.
Die Fehlerquote pro Einheit ging von 30 auf 0,3 Prozent zurück. In drei Jahren senkte man die Kosten einer anderen Produktlinie um nahezu 24 Prozent. Und die Einhaltung von Lieferfristen konnte von 82 Prozent 1985 auf 95 Prozent im Jahr 1987 erhöht werden. Die Lagerbestände gingen zwischen 1984 und 1988 um über 50 Prozent zurück, obwohl der Ausstoß in dieser Periode zunahm. Und zu all dem verdoppelte sich von 1985 auf 1988 auch die Arbeitsproduktivität.

Menschen motivieren

Richard Nicolosi bei Procter & Gamble

Nach seiner Gründung im Jahr 1956 war der Geschäftsbereich Papierprodukte von Procter & Gamble über 20 Jahre hinweg mit seinen hochwertigen, preiswerten und geschickt vermarkteten Erzeugnissen nahezu konkurrenzlos. Das sollte sich in den späten 70er Jahren jedoch von Grund auf ändern, wo die Division unter den Druck eines zunehmend heftiger werdenden Wettbewerbs geriet. So schätzten Branchenstatistiker z. B., daß der P & G-Marktanteil bei Wegwerfwindeln von 75 Prozent in der Mitte der 70er auf 52 Prozent im Jahr 1984 fiel.

In jenem Jahr kam Richard Nicolosi als Associate General Manager in den Bereich Papierprodukte, nachdem er bei Procter & Gamble zuvor drei Jahre in der relativ kleinen und sich dynamisch entwickelnden Sparte Erfrischungsgetränke gearbeitet hatte. Was er an seinem neuen Platz vorfand, war eine bürokratische und zentralistische Organisation, die sich vor allem anderen mit funktionsinternen Zielen und Vorhaben beschäftigt gab. Beinahe sämtliche Informationen zum Käuferverhalten stammten aus einer hochgradig quantitativ betriebenen Marktforschung. Die Techniker wurden für Einsparungen bei den Herstellungskosten belohnt, und den Mitarbeitern im Verkauf ging es lediglich um Masse und Marktanteil: praktisch befanden sich beide Gruppen nahezu im Krieg.

Im Spätsommer 1984 kündigte das Topmanagement nun an, daß Nicolosi ab Oktober die Sparte Papierprodukte leiten werde, doch inoffiziell übernahm er die Aufgabe bereits im August. Sogleich begann er, neue Schwerpunkte zu setzen, indem er für den Bereich mehr Kreativität und Marktorientierung forderte – denn lediglich zu niedrigen Kosten zu produzieren werde künftig nicht mehr ausreichen. »Ich mußte völlig klarstellen«, berichtete Nicolosi später, »daß sich die Spielregeln geändert hatten.«

Zum neuen Kurs gehörten ein größeres Maß an Teamarbeit und ein stärker nach verschiedenen Rollen differenzierender Führungsstil. So verwirklichte Nicolosi einen Plan, mit dem nun der Bereich und seine einzelnen Produkte durch Gruppen gemanagt wurden. Im Oktober bestimmte er sich selbst und sein Team zum »Board« des Geschäftsbereichs Papier, ein Gremium, das zuerst monatlich, dann wöchentlich zusammentrat. Im November richtete man »Category Teams« ein, die die wichtigsten Markenprodukte (wie Windeln, Taschentücher, Handtücher) betreuen sollten, und die dafür die Verantwortung übertragen bekamen. »Sucht große Sprünge zu machen und nicht kleine Schritte«, gab Nicolosi ihnen auf den Weg mit.

Im Dezember begann Nicolosi, sich mit ausgewählten Aktivitäten näher zu befassen. Er traf sich mit Vertretern der Werbeagentur und lernte so die entscheidenden kreativen Leute kennen. Er forderte den Marketingleiter für Wegwerfwindeln auf, ihm direkt zu berichten, wodurch eine Hierarchieebene wegfiel. Und eingehend sprach er mit jenen Mitarbeitern, die an der Entwicklung von neuen Produkten arbeiteten.

Im Januar 1985 verkündigte der Board eine neue Organisationsstruktur, die nicht nur »Category Teams« vorsah. Für den Frühling plante der Board dann eine große Veranstaltung zwecks Motivationsförderung, auf der die neuen Ziele der Division Papierprodukte so vielen Leuten wie möglich vermittelt werden sollten. Am 4. Juni 1985 fand das Ereignis statt: Im Masonic Temple von Cincinnati trafen sich alle in der Stadt beschäftigten Mitarbeiter der Sparte sowie die Verkaufsgebiets- und Werksleiter – insgesamt einige tausend Leute. Nicolosi und andere Board-Mitglieder erläuterten ihre Vorstellungen von einem Unternehmen, »in dem jeder von uns eine Führungskraft ist«. Die Veranstaltung wurde per Video aufgezeichnet und in alle Verkaufsbüros und Fertigungsbetriebe geschickt; jeder, der beim großen Treffen nicht dabeigewesen war, sollte sich die Bilder ansehen.

Durch all diese Maßnahmen entstand eine der Unternehmungslust förderliche Atmosphäre, von der viele Mitarbeiter angeregt wurden, an der Realisierung der neuen Vorgaben mitzuwirken. Die meisten Verbesserungsvorschläge kamen von Leuten, die mit den neuen Produkten zu tun hatten. Ultra Pampers, erstmals im Februar 1985 am Markt, erhöhte den Marktanteil der gesamten Pampers-Produktgruppe von 40 auf 58 Prozent und brachte diesen Produkten den Sprung über den Break-Even-Punkt in die Gewinnzone. Und innerhalb nur weniger Monate nach Einführung der Luvs Delux im Mai 1987 stieg der Marktanteil der gesamten Artikelgruppe um 150 Prozent.

Andere Mitarbeiterinitiativen richteten sich mehr auf einzelne Arbeitsbereiche und manche kamen sogar von ganz unten. So gründeten im Frühjahr 1986 einige Sekretärinnen der Division, ermutigt von der neuen Unternehmenskultur, ein »Secretaries Network«. Diese Vereinigung bildete wiederum Unterausschüsse, die sich mit Fragen der Weiterbildung, der Entlohnung und Anerkennung sowie mit dem Problem befaßten, wie es um die »Sekretärin der Zukunft« bestellt sein wird. Eine der Beteiligten gab den Gefühlen von vielen ihrer Kolleginnen Ausdruck, als sie meinte: »Ich sehe nicht ein, warum nicht auch wir etwas zum Erreichen der neuen Zielsetzung der Abteilung beitragen können.«

Resultate? Über eine Vierjahresspanne nahmen die Erlöse des Geschäftsbereichs Papiererzeugnisse von P & G bis Ende 1988 um 40 Prozent zu; der Gewinn erhöhte sich um 60 Prozent. Und das wurde erreicht, obgleich der Wettbewerb noch an Schärfe zulegte.

Acht Kardinalfehler bei der Transformation*

In den vergangenen zehn Jahren habe ich bei mehr als 100 Unternehmen die Versuche verfolgt, sich durch Erneuerungsprogramme zu merklich besseren Wettbewerbern zu wandeln.
Darunter waren Großorganisationen (wie Ford) und kleine Anbieter (wie Landmark Communications), Unternehmen in den Vereinigten Staaten (wie General Motors) und anderswo beheimatet (wie British Airways), Firmen am Rande der Pleite (wie Eastern Airlines) und wieder andere, die prächtig verdienten (wie Bristol-Meyers Squibb).
Ihre Bestrebungen liefen unter sehr unterschiedlichen Feldzeichen: Total Quality Management, Reengineering, Right Sizing, Restrukturierung, Kulturwandel oder Turnaround. Doch in ihrem Hauptziel glichen sie sich alle: grundlegende Veränderungen erreichen bei der Art und Weise, das Geschäft zu betreiben mit dem Zweck, sich auch in einem neuen, anspruchsvolleren Marktumfeld zu behaupten.
Einige Erneuerungsbestrebungen waren sehr erfolgreich, andere komplette Fehlschläge. Die meisten lagen irgendwo dazwischen – mit deutlicher Tendenz zum unteren Ende der Skala. Die daraus zu ziehenden Lehren sind jedoch aufschlußreich und vermutlich recht bedeutsam für viele andere Unternehmen, die sich in den immer wettbewerbsintensiveren geschäftlichen Umfeldern des kommenden Jahrzehnts gut behaupten wollen.
Die wichtigste allgemeine Erkenntnis, die sich aus den Erfolgsfällen ableiten läßt, ist wohl diese: Der Veränderungsprozeß durchläuft stets eine Reihe von Phasen, die im ganzen reichlich Zeit beanspruchen. Das Überspringen einzelner Abschnitte schafft lediglich die Il-

* Dieser Artikel erschien zum ersten Mal in der März-April-Ausgabe 1995 des *Harvard Business Review* unter dem Titel »Leading Change: Why Transformation Efforts Faile«, dt. erschienen in *Harvard Business Manager* 3/1995, übersetzt von Peter Diekhoff.

lusion von raschem Fortschritt und führt nie zu einem befriedigenden Resultat.
Ein zweite sehr generelle Erkenntnis besagt, daß sich entscheidende Fehler in jeder der Phasen verheerend auswirken, indem sie den Schwung abbremsen und schwer erreichte Fortschritte wieder zunichte machen können. Selbst sehr tüchtige Leute begehen oft mindestens einen großen Fehler – vielleicht weil wir im gründlichen Erneuern von Organisationen bislang nur relativ wenige Erfahrungen sammeln konnten.

Fehler Nr. 1: Kein ausreichendes Gespür für die Dringlichkeit

Die meisten erfolgreichen Veränderungsbestrebungen beginnen damit, daß bestimmte einzelne oder Gruppen sich die Wettbewerbssituation des Unternehmens, seine Marktstellung, die technologischen Trends und die finanziellen Ergebnisse ihrer Organisation genauer ansehen.
Sie fragen sich insbesondere, wie sich die Erträge entwickeln werden, nachdem ein wichtiges Patent ausläuft, mit welchem Fünfjahrestrend in einem Kerngeschäft die Gewinnspannen abschmelzen oder wo sich ein anscheinend von allen unbemerkter neuer Markt auftut.
Diese Leute finden dann Wege, ihre Einsichten auf breite und eindrucksvolle Weise anderen zu vermitteln, besonders mit Blick auf aktuelle oder potentielle Krisenlagen oder sich früh anbietende geschäftliche Großchancen. Dieser erste Schritt ist wesentlich, denn schon das bloße Anschieben eines Tranformationsprogramms verlangt nach einem lebhaften Informations- und Meinungsaustausch zwischen vielen Personen. Unmotiviert wird allerdings niemand einen Beitrag leisten, und schon kann der Anstoß ins Leere gehen.
Verglichen mit anderen Stufen im Veränderungsprozeß wirkt Phase eins einfach. Sie ist es aber nicht. Reichlich über 50 Prozent der von mir beobachteten Unternehmen machten hier schon einige Fehler.
Die Gründe? In einigen Fällen unterschätzen Führungskräfte, wie schwierig es sein kann, die Leute aus ihrer Bequemlichkeit aufzuschrecken. Manchmal überschätzen sie gröblich, was sie mit ihren

Bemühungen schon erreicht haben, das Bewußtsein dafür zu stärken, wie dringlich der Wandel ist.
In anderen Fällen wiederum fehlt es an Geduld: »Genug mit den Vorbereitungen, jetzt muß es vorangehen«, heißt es dann. Vielfach zeigen sich Führungskräfte auch geradezu gelähmt von möglichen negativen Konsequenzen. Was sie dann nicht alles befürchten: Altgediente Mitarbeiter sperren sich, die Arbeitsmoral sinkt, die Ereignisse geraten außer Kontrolle, die Geschäftsresultate verschlechtern sich umgehend, die Aktien des Unternehmens verlieren an Wert, und womöglich wird man noch beschuldigt, eine Krise erst heraufbeschworen zu haben.
Die Lähmung in der Unternehmensführung kommt häufig daher, daß es zu viele Manager und zu wenige Führungspersönlichkeiten gibt. Das Mandat des Managements erstreckt sich gewöhnlich auf das Minimieren von Risiken und die Bewahrung des gegebenen Systems.
Veränderung verlangt schon per Definition die Schaffung eines neuen Systems, wozu wiederum echte Führung nötig ist. Solange nicht genügend Führungspersönlichkeiten in die oberen Positionen gelangen, sei es durch Beförderung oder Neueinstellung, wird normalerweise schon in der ersten Phase eines Erneuerungsprozesses nichts bewegt.
Transformationen beginnen oft vielversprechend damit, daß ein neuer Kopf mit echten Führungsqualitäten an die Spitze der Organisation tritt, der die Notwendigkeit einer bedeutenden Veränderung erkennt. Wenn das Unternehmen im ganzen sie braucht, so ist der CEO klar die entscheidende Person.
Geht es um Veränderung in einer Division, dann ist deren Leiter die Schlüsselfigur. Sollten diese Personen keine unverbrauchten, großartigen Führungspersönlichkeiten oder starke Verfechter des Wandels sein, können bereits in Phase eins gewaltige Schwierigkeiten entstehen.
Schlechte Geschäftsergebnisse sind in der ersten Phase Segen und Fluch zugleich: Positiv an ihnen ist, daß Geldverlieren die Leute aufschreckt; andererseits engen Verluste den Handlungsspielraum ein. Bei guten Resultaten trifft das Gegenteil zu: Es fällt dann erheblich schwerer, die Menschen von der Notwendigkeit eines Wandels zu überzeugen; dafür stehen aber größere Ressourcen zur Verfügung.

Doch ob am Ausgangspunkt nun eine gute oder schlechte Unternehmensleistung stand, in den besonders erfolgreichen Fällen, die ich beobachten konnte, war es stets ein einzelner oder eine Gruppe, der/die eine offene Diskussion von potentiell unangenehmen Tatsachen herbeiführte: über neue Mitbewerber, schrumpfende Margen, rückläufige Marktanteile, dürftige Erträge, fehlendes Umsatzwachstum oder andere Indikatoren einer sich verschlechternden Wettbewerbsposition.

Wegen der anscheinend universellen menschlichen Neigung, den Überbringer schlechter Nachrichten niederzumachen – besonders wenn der Chef an der Spitze nicht gerade ein Vorkämpfer des Wandels ist –, holen sich die Führungskräfte in solchen Fällen meist Außenstehende, um die nicht gern gehörten Wahrheiten auszusprechen. Analysten, Kunden und Berater können da sehr von Nutzen sein.

Der Zweck besteht nach den Worten des vormaligen Chefs eines großen europäischen Unternehmens darin, »den Status quo gefährlicher erscheinen zu lassen als den Sprung ins Ungewisse«.

Bei einigen der erfolgreichsten Fälle führte eine interne Gruppe eine Krise künstlich herbei. So »konstruierte« ein CEO vorsätzlich den größten Buchverlust in der Geschichte des Unternehmens und löste damit einen enormen Druck vom Kapitalmarkt aus.

In dem sicheren Wissen, daß Schreckliches herauskommen würde, gab ein Geschäftsbereichsleiter die ersten Befragungen zur Kundenzufriedenheit in Auftrag, die bei seiner Division je durchgeführt wurden; die schlimmen Ergebnisse machte er dann publik. Solche Schachzüge wirken, oberflächlich gesehen, über Gebühr gewagt.

Dabei gibt es doch auch das andere Risiko: Wird die Dringlichkeit der Veränderung nicht deutlich genug herausgestellt, kann der Transformationsprozeß nicht zum Erfolg führen, und die langfristige Zukunft der Organisation gerät dann ernstlich in Gefahr.

Wann ist das Gefühl für Dringlichkeit aber groß genug? Wie ich sehen konnte, wenn ungefähr 75 Prozent der Manager in einem Unternehmen aufrichtig davon überzeugt sind, daß es mit der Devise »Business as usual« einfach nicht mehr weitergeht. Liegt der Anteil darunter, muß im Transformationsprozeß später mit sehr schwerwiegenden Problemen gerechnet werden.

Fehler Nr. 2: Fehlen einer mächtigen Koalition der Erneuerer

Gestartet werden umfassende Erneuerungsprogramme häufig nur von ein oder zwei Leuten. Wo die Transformationsbestrebungen dann erfolgreich ausgingen, hatten sich mit der Zeit aber ständig mehr Veränderer zusammengetan. Wo jedoch schon im Frühstadium keine minimale kritische Menge zusammenkam, wurde später auch nicht viel erreicht.

Noch einmal sei es gesagt: Bedeutende Veränderungen sind ohne die aktive Unterstützung des höchsten Entscheidungsträgers einer Organisation nicht möglich. Doch da spielt noch weit mehr eine Rolle. Bei erfolgreichen Transformationen kamen der Vorstands- oder Aufsichtsratsvorsitzende oder der Leiter eines Geschäftsbereichs mit fünf, 15 oder 50 Leuten zusammen und verpflichteten sich gemeinsam zu hervorragendem Einsatz während des Erneuerungsprozesses.

Nach meiner Erfahrung gehörten zu einer solchen Gruppe nie alle Führungskräfte der obersten Ebene, und zwar einfach deshalb, weil einige Topmanager – zumindest am Anfang – skeptisch beiseite blieben. Doch in den sehr erfolgreichen Fällen war die Koalition gleich ziemlich mächtig – was gleichermaßen Rang und Titel, Informationsstand, Fachwissen, Reputation und Beziehungen anging.

In kleinen und größeren Organisationen braucht ein erfolgreiches Führungsteam im ersten Jahr der Erneuerung nur aus drei bis fünf Personen zu bestehen.

Doch in Großunternehmen muß diese Koalition schon auf 20 bis 50 Leute anwachsen, wenn im weiteren wirkliche Fortschritte erzielt werden sollen. Den Kern der Gruppe bildeten immer Topmanager. Doch manchmal fanden sich dort auch Mitglieder des Aufsichtsrats, der Repräsentant eines Schlüsselkunden oder ein einflußreicher Gewerkschaftsführer.

Da der Führungskoalition auch Personen angehören, die nicht aus dem Topmanagement des Unternehmens kommen, ist die Koalition schon von ihrer Zusammensetzung her geneigt, außerhalb der normalen hierarchischen Wege zu operieren. So befremdlich das erscheinen mag, es ist einfach notwendig. Denn würde das vorhandene Führungsgefüge gut funktionieren, gäbe es auch keinen Grund zu größerer Veränderung. Da es aber nicht funktioniert, verlangt seine

Umgestaltung ganz generell nach einem Handeln jenseits der förmlichen Abgrenzungen, Erwartungen und Regeln.

Ein starkes Bewußtsein der Dringlichkeit des Wandels unter den Führungskräften begünstigt die Bildung einer Führungskoalition wesentlich. Doch meist reicht das nicht aus. Irgend jemand muß diese Leute tatsächlich zusammenholen, ihnen helfen, eine gemeinsame Einschätzung der Probleme und Chancen ihres Unternehmens zu entwickeln, und ein Mindestmaß an Vertrauen und Meinungsaustausch herstellen. Zwei- oder dreitägige Klausurtagungen an einem ruhigen Ort sind ein beliebtes Mittel, um all das zu erreichen. Ich habe zahlreiche Gruppen von 15 bis 35 Managern beobachten können, die im Lauf mehrerer Monate an mehreren solcher Treffen teilnahmen.

Unternehmen, die in dieser Phase zwei nicht das Richtige tun, unterschätzen meist die Schwierigkeiten auf dem Weg zu Veränderungen und damit auch das Gewicht einer machtvollen Führungskoalition. Manchmal hat die Unternehmensspitze keinerlei Erfahrung mit Teamarbeit, so daß sie die Bedeutung einer solchen Koalition schlicht unterbewertet.

In manchen Unternehmen glaubt man, das Veränderungsteam solle von einem Stabsmanager aus dem Personalwesen, der Qualitätssicherung oder Strategieplanung geleitet werden, statt von einem Schlüsselmanager aus der Linie. Doch es mag jemand noch so fähig und einsatzbereit sein, Gruppen ohne eine starke Führungspersönlichkeit aus dem operativen Management werden niemals den Einfluß gewinnen, den es braucht. Erneuerungsbestrebungen ohne eine ausreichend mächtige Führungskoalition mögen eine Weile lang vermeintliche Fortschritte machen. Doch früher oder später faßt die Opposition Tritt und stoppt den Wandel.

Fehler Nr. 3: Es wird versäumt, eine Vision zu entwerfen

Bei jeder Transformationsbestrebung, die ich beobachtet habe, entwarf die Führungskoalition ein Bild von der Zukunft, das relativ leicht zu verstehen war und Kunden wie Aktionäre und Mitarbeiter ansprach. Eine Vision weist immer über die Zahlen in den üblichen

Fünfjahresplänen hinaus. Auf hilfreiche Weise verdeutlicht sie die Richtung, in der sich eine Organisation bewegen muß. Eine erste Skizze stammt zumeist von einem einzelnen und ist anfänglich noch etwas unscharf.

Doch hat sich die Koalition erst einmal drei, fünf oder sogar zwölf Monate damit beschäftigt, entsteht durch genaue Analyse und mit einiger Phantasie eine wesentlich verbesserte Version. Nach und nach nimmt dann auch eine Strategie zum Realisieren dieser Vision Gestalt an.

Bei einem mittelgroßen europäischen Unternehmen enthielt der erste Entwurf einer Vision schon zwei Drittel der Grundlinien der späteren Endfassung. So gab es den Gedanken der globalen Reichweite von Anfang an, ebenso wie die Vorstellung, in bestimmten Geschäftsfeldern erstklassig zu werden. Doch die zentrale Idee der endgültigen Version – Rückzug aus Aktivitäten mit nur geringer Wertschöpfung – ging erst aus mehrmonatigen Diskussionen hervor.

Ohne eine sinnlich erfahrbare, klare Vision kann eine Transformationsbestrebung leicht zu einer Anhäufung von verwirrenden und miteinander unvereinbaren Projekten geraten, die die Organisation in die falsche Richtung oder ins Nirgendwo führen. Ohne eine stimmige Vision werden die Umgestaltung des Rechnungswesens, die völlig neue Leistungsbewertung der Personalabteilung, das Qualitätsprogramm der Fertigung und die andere Verkaufs- und Vertriebskultur sich schwerlich auf eine sinnvolle Weise ergänzen.

Bei mißglückten Transformationen wird man vielfach auf jede Menge Pläne, Direktiven und Programme stoßen, aber nicht auf eine Vision. So gab es im Fall eines Unternehmens gut zehn Zentimeter dicke Merkbücher, in denen die Veränderungsmaßnahmen haargenau beschrieben wurden – Verfahrensweisen, Zielvorgaben, Methoden und Fristen, in ermüdenden Einzelheiten durchbuchstabiert. Aber an keiner Stelle fand sich eine unmißverständliche und überzeugende Aussage dazu, wohin all das führen soll. Kaum überraschend, daß die meisten Beschäftigten, mit denen ich sprach, entweder verwirrt oder befremdet waren. Die großen dicken Bücher hatten sie weder zu gemeinsamem Handeln getrieben noch zu Veränderungen angespornt. Tatsächlich bewirkten sie wahrscheinlich eher das Gegenteil.

In einigen Fällen, wo die Erneuerung nicht besonders weit gedieh, konnte ich bemerken, wie das Management zwar eine Vorstellung

davon besaß, wohin die Reise gehen muß, diese Vorstellung aber zu kompliziert oder verschwommen war, um hilfreich zu sein. Als ich kürzlich einen leitenden Mann eines mittelgroßen Unternehmens bat, mir seine Vision zu beschreiben, hielt der mir daraufhin einen kaum verständlichen 30-Minuten-Vortrag. Neben reichlich Ballast gab es da schon die Grundelemente einer vernünftigen Vision, aber die waren nur unscharf zu erkennen.
Daher eine nützliche Faustregel: Wenn Sie Ihre Vision nicht jemandem in höchstens fünf Minuten begreiflich machen können und von ihm eine Reaktion bekommen, die Verständnis und Interesse erkennen läßt, sollten Sie diese Phase des Transformationsprozesses noch nicht für abgeschlossen halten.

Fehler Nr. 4: Unzulängliche Vermittlung der Vision

Was die Frage der Kommunikation angeht, sind drei sehr verbreitete Vorgehensmuster zu beobachten. Im ersten Falle entwickelt eine Gruppe tatsächlich eine recht gute Vision zur Erneuerung des Unternehmens und sucht sie dann bekannt zu machen, indem sie eine einzige Versammlung einberuft oder ein einziges Rundschreiben herausgibt. Obwohl das nur 0,0001 Prozent des jährlichen Aufwands für betriebsinterne Kommunikation beansprucht, ist die Gruppe verwundert, daß nur so wenige Leute das neue Vorgehen zu begreifen scheinen.
Beim zweiten Muster verwendet der Chef beträchtliche Zeit darauf, Ansprachen vor Mitarbeitergruppen zu halten, und dennoch verstehen die meisten noch lange nicht, worum es eigentlich geht. (Kein Wunder, denn auf diesen Weg, die Vision zu vermitteln, entfallen lediglich 0,0005 Prozent des gesamten jährlichen Kommunikationsaufwands.)
Nach dem dritten Muster wird weit mehr Aufwand für Rundschreiben und Vorträge getrieben, doch einige im Blickfeld stehende Topmanager verhalten sich augenscheinlich so, wie es nicht zu der verkündeten Vision paßt. Unterm Strich macht sich unter der Belegschaft Spott breit, während zugleich der Glaube daran sinkt, bestimmte Dinge ließen sich allen begreiflich machen.

Transformation ist unmöglich, wenn nicht Hunderte oder Tausende von Menschen dabei mithelfen wollen, oft bis zu dem Punkt, wo kurzfristig Opfer fällig werden. Niemand wird aber dazu bereit sein, selbst wenn er mit dem Status quo unzufrieden ist, wenn er nicht überzeugt wird, daß nützliche Veränderungen möglich sind. Ohne eine glaubhafte, breit angelegte Informationspolitik lassen sich die Köpfe und Herzen der Truppe nicht gewinnen.

Bei diesem vierten Schritt ergibt sich eine besondere Herausforderung, wenn zu den kurzfristig nötigen Opfern auch der Verlust von Arbeitsplätzen gehört. Erfordert die Realisierung der Vision ein Gesundschrumpfen, dann wird es besonders schwierig sein, Verständnis und Unterstützung zu gewinnen. Aus diesem Grund enthalten Erfolgvisionen gewöhnlich auch neue Wachstumsmöglichkeiten und die Verpflichtung, jeden fair zu behandeln, der entlassen werden muß.

Geschickt kommunizierende Manager flechten ihre Botschaften in ihre alltägliche Arbeit ein. So sprechen sie bei der Routinediskussion eines geschäftlichen Problems davon, welche der vorgeschlagenen Lösungen zu dem Zukunftsbild paßt oder auch nicht paßt. Bei einer regelmäßigen Leistungsbewertung gehen sie gegenüber dem Mitarbeiter darauf ein, wie gut dessen Verhalten der Realisierung der Vision nutzt oder ob es schadet. Anläßlich des Vierteljahresberichts eines Geschäftsbereichs reden sie nicht nur über die Zahlen, sondern auch darüber, wie die Manager der Division zur Transformation beitragen. In einer Sitzung mit Mitarbeitern suchen sie diesen die Ziele der Erneuerung im Wechselspiel von Fragen und Antworten näherzubringen.

Wo die Transformationsbestrebungen zum Erfolg führen, nutzen die Chefs sämtliche verfügbaren Kommunikationskanäle, um die Vision zu verbreiten. Sie verwandeln langweilige und ungelesene Betriebszeitschriften in Blätter mit packenden Beiträgen über die Vision, ritualisierte und ermüdende Quartalsbesprechungen in Foren, wo die Manager über die Transformation angeregt diskutieren. Sie ersetzten einen großen Teil der üblichen hauseigenen Managementschulung durch Kurse, die sich auf geschäftliche Probleme und die neue Vision beziehen. Der Leitgedanke ist einfach: Alle verfügbaren Wege nutzen, besonders jene, die für unwesentliche Informationen mißbraucht werden.

Was vielleicht noch wichtiger ist: Viele von den Managern, denen ich in Fällen begegnete, wo bedeutende Veränderungen tatsächlich erreicht wurden, hatten »das Reden darüber« gelernt. Bewußt versuchen sie, ein lebendes Symbol der neuen Unternehmenskultur abzugeben. Oft ist das nicht leicht.

Ein 60 Jahre alter Betriebsleiter, der 40 Jahre lang herzlich wenig über Kunden nachgedacht hat, wird sich schwerlich über Nacht zu einem kundenorientierten Verhalten bequemen. Und doch wurde ich Zeuge, wie sich so ein Mann sogar ganz erheblich umstellte. Ein hohes Maß an Dringlichkeit half allerdings dabei, genauso wie die Tatsache, daß er zur Führungskoalition gehörte, die die Vision entwickelte.

Hinzu kam die ganze Informationsarbeit, die ihn ständig an das nun gewünschte Verhalten erinnerte, sowie das Feedback von seinen Kollegen und Mitarbeitern, die es ihm bewußt machten, wenn er in alte Verhaltensweisen zurückfiel.

Kommunikation vollzieht sich in Worten und Taten, und die letzteren überzeugen oft stärker. Deshalb wird das Erneuerungsbestreben auch durch nichts mehr untergraben als ein Verhalten von wichtigen Personen, das sich mit ihren Äußerungen nicht verträgt.

Fehler Nr. 5: Entgegenstehende Hürden werden nicht weggeräumt

Erfolgreiche Transformationsprozesse erfassen in ihrem Fortgang eine große Zahl Menschen. Die Beschäftigten werden dazu ermuntert, neue Vorgehensweisen auszuprobieren, neue Ideen zu entwickeln und Führungsqualität aufzubringen. Die einzige Beschränkung liegt darin, daß ihr Handeln den Vorgaben der umfassenden Vision entsprechen muß. Doch je mehr Leute einbezogen sind, desto besser das Ergebnis.

Bis zu einem gewissen Grad kann die Führungskoalition andere einfach dadurch zu eigenem Handeln ermächtigen, indem sie die neue Richtung erfolgreich vor Augen hält. Doch selbst gute Kommunikation allein reicht niemals aus.

Zum Erneuern gehört auch das Beseitigen von Hindernissen. Allzu oft begreift jemand zwar die neue Vision und will dazu beitragen, sie zu verwirklichen. Doch dann erscheint ein Elefant und verstellt ihm den Weg. In manchen Fällen steckt der Elefant im Kopf, und dann besteht die Aufgabe darin, den, den es betrifft, davon zu überzeugen, daß ihn keine externe Hürde hindert zu tun, was er tun möchte. In den meisten Fällen sind die Blockaden freilich sehr dinglich. Manchmal ist die Organisationsstruktur das Hemmnis: Eng gefaßte Aufgabenbeschreibungen können Bestrebungen, die Produktivität zu steigern, ernsthaft gefährden oder das Nachdenken über Kunden sehr erschweren. Es kann aber auch an der Vergütung oder Leistungsbewertung liegen, wenn sich die Leute veranlaßt sehen, zwischen neuer Vision und eigenem Interesse zu wählen.

Die vielleicht ärgsten Hindernisse sind indes Chefs, die sich selbst nicht ändern wollen und Anforderungen stellen, die zu allem Streben nach Erneuerung nicht passen.

Ein Unternehmen begann seinen Transformationsprozeß mit viel Tamtam und machte bis zum Ende der vierten Phase tatsächlich gute Fortschritte. Dann geriet der Prozeß ins Stocken, denn die Geschäftsleitung nahm hin, daß der Leiter der größten Sparte die meisten der neuen Initiativen unterlief. Förmlich stimmte er der Erneuerung zwar zu, doch weder änderte er sein Verhalten noch ermunterte er seine Manager zu Veränderungen. Er belohnte unkonventionelle Ideen nicht, wie es die Vision verlangte, und ließ im Personalwesen Systeme in Kraft, die ohne Zweifel mit den neuen Idealvorstellungen unvereinbar waren.

Gewiß hatte der Betreffende dafür mehrere Motive. Zum einen meinte er, das Unternehmen habe keine grundlegenden Veränderungen nötig. Zum anderen fühlte er sich von all dem Umbruch persönlich bedroht. Obendrein befürchtete er, nicht beides zugleich erreichen zu können, den Wandel und das erwartete Betriebsergebnis. Obwohl die übrigen Topmanager das Streben nach Erneuerung unterstützten, taten sie buchstäblich nichts, um diesen einen Blockierer aufzuhalten. Auch dafür gab es verschiedene Gründe.

Im Unternehmen hatte man keine Erfahrung darin, wie man mit einem solchen Problem fertig wird. Einige Manager schreckten vor diesem Divisionschef zurück. Den CEO machte es besorgt, womöglich einen sehr tüchtigen Manager zu verlieren. Am Ende war das Ergebnis katastrophal. Die Führungskräfte der unteren Ebenen kamen zu dem Urteil, die Spitze habe sie wohl hinsichtlich des Engagements für die Erneuerung getäuscht; Spott machte sich breit, und das ganze Programm fiel in sich zusammen.

Keine Organisation verfügt während der ersten Hälfte eines Transformationsprozesses automatisch über genügend Schwung, Kraft und Zeit, um alle Hindernisse aus dem Weg zu räumen. Aber die größten von ihnen müssen angepackt und entfernt werden.
Besteht das Hindernis in einer Person, so ist es wichtig, daß sie fair und in Übereinstimmung mit der neuen Vision behandelt wird. Aber gehandelt werden muß, um andere Mitarbeiter zum Handeln zu ermächtigen und die Glaubwürdigkeit des Strebens nach Erneuerung insgesamt zu behaupten.

Fehler Nr. 6:
Kurzfristige Erfolge werden nicht systematisch vorbereitet

Jede wirkliche Transformation braucht Zeit, und das Anschieben einer Erneuerung droht an Schwung einzubüßen, wenn es kurzfristig keine Erfolge zu erreichen und zu feiern gibt. Die meisten Leute wollen sich nicht auf den langen Marsch begeben, es sei denn, sie bekommen innerhalb von 12 bis 24 Monaten überzeugende Beweise zu Gesicht, daß die Reise zu den erwarteten Zielpunkten führt. Ohne alsbaldige erste Siege werden zu viele aufgeben oder sich aktiv auf die Seite derjenigen schlagen, die keine Veränderung wollten.
Ein erfolgreiches Transformationsprogramm beginnt nach ein bis zwei Jahren zu wirken – die Qualität verbessert sich in mehrfacher Hinsicht, oder der Rückgang der Nettoerlöse hört auf. Da wird es einige erfolgreiche Neueinführungen geben oder einen Anstieg des Marktanteils, eine merklich gewachsene Produktivität oder eine höhere Quote zufriedener Kunden. Was immer es sein mag, die Verbesserung wird unzweideutig sichtbar. Und sie ist keine Frage der Bewertung, die von den Veränderungsgegnern relativiert werden könnte.
Das Schaffen kurzfristiger Erfolge unterscheidet sich vom bloßen Hoffen auf kurzfristige Erfolge. Letzteres ist passiv, wogegen das erstere aktives Handeln bedeutet. Bei einer erfolgreichen Transformation suchen die Manager tatkräftig nach Wegen zum Erreichen klarer Leistungssteigerungen, setzen in der Jahresplanung klare Ziele, erfüllen ihre Zielvorgaben und belohnen die beteiligten Leute mit Belobigungen, Beförderung und auch mit Geldprämien.

1 **Ein Bewußtsein für die Dringlichkeit des Wandels schaffen.** Markt- und Wettbewerbsgegebenheiten untersuchen; aktuelle und potentielle Krisenbereiche sowie bedeutende Chancen erkennen und diskutieren.

2 **Die richtungsweisenden Personen in einer Koalition vereinen.** Befürworter der Erneuerung zu einer Gruppe vereinen und mit genügend Macht ausstatten, die die Veränderungsbestrebungen vorantreibt; diese Gruppe ermutigen, eng als ein Team zusammenzuarbeiten.

3 **Eine Vision für das Unternehmen kreieren.** Diese Vision den Erneuerungsbemühungen als Richtungsweiser vorgeben; Strategien entwickeln, um die Vision zu verwirklichen.

4 **Die gefundene Vision bekannt machen.** Jede Möglichkeit nutzen, um die neu entworfene Vision und die ihr gemäßen neuen Strategien allen Betroffenen klar zu vermitteln; durch das Beispiel der richtungsweisenden Mitarbeiter neue Verhaltensweisen lehren.

5 **Andere ermächtigen, gemäß der Vision zu handeln.**Hindernisse gegenüber Veränderungen beseitigen; Strukturen und Systeme ändern, die die Realisierung der Vision ernstlich gefährden können; dazu ermutigen, etwas zu wagen; unkonventionelle Ideen, Maßnahmen und Handlungsweisen fördern.

6 **Kurzfristige Erfolge planerisch vorbereiten und herbeiführen.** Sichtbare Leistungsverbesserungen planen; die Verbesserungspläne praktisch realisieren; an den Verbesserungen beteiligte Mitarbeiter ausdrücklich benennen und belohnen.

7 **Erreichte Verbesserungen weiter ausbauen.** Gewachsene Glaubwürdigkeit nutzen, um Systeme, Strukturen und Verhaltensweisen zu verändern, die nicht zu der Vision passen; Mitarbeiter einstellen, fördern und weiter ausbilden, die die Vision erfolgreich umsetzen können; den Erneuerungsprozeß mit neuen Projekten, Themen und Change Agents zusätzlich beleben.

8 **Die neuen Lösungswege fest verankern.** Die Zusammenhänge zwischen den neuen Verhaltensweisen und dem Unternehmenserfolg klar und deutlich herausstellen; Mittel und Wege finden, um Entwicklung in der Führung und die Führungsnachfolge zu sichern.

Abb. 4-1: Acht Schritte zur Erneuerung einer Organisation

Ganz so produzierte zum Beispiel die Führungskoalition bei einem US-Hersteller rund 20 Monate nach Start seines Programms zur betrieblichen Erneuerung ein sehr beachtetes und erfolgreiches neues Erzeugnis.

Nachdem das Programm angelaufen war, hatte man sich sechs Monate später für die Entwicklung dieses Produkts entschieden, weil es eine Reihe von Kriterien erfüllte: Es ließ sich verhältnismäßig schnell entwickeln und einführen; die Aufgabe konnte von einer kleinen Gruppe von Leuten erledigt werden, die sich für die neue Vision ausgesprochen hatten; es bestanden gute Marktchancen; und das neue Entwicklungsteam konnte praktisch ohne Schwierigkeiten außerhalb der bestehenden Abteilungsstruktur arbeiten. Weniges blieb dem Zufall überlassen, und der Erfolg kam der Glaubwürdigkeit des Erneuerungsprozesses zugute.

Häufig führen Manager Klage darüber, daß sie gezwungen seien, kurzfristige Erfolge zu produzieren. Doch ich konnte feststellen: Ein solcher Druck kann ein nützliches Element im Zuge einer Erneuerungsbestrebung sein. Wird den Leuten erst einmal bewußt, daß eine tiefgreifende Veränderung längere Zeit in Anspruch nimmt, kann das das Gefühl für die Dringlichkeit des Wandels schwächen.

Doch mit der Verpflichtung zu kurzfristigen Erfolgen kann dem entgegengewirkt werden. Das hält das Bewußtsein für Dringlichkeit aufrecht und fördert ein in die Einzelheiten gehendes analytisches Denken, was zu einer weiteren Klärung oder Revision des Ziels führen kann.

Fehler Nr. 7: Siegesfeiern werden zu früh angesetzt

Sind einige Jahre harter Arbeit vergangen, können Manager versucht sein, den Sieg zu verkünden, sobald die ersten klar sichtbaren Leistungsverbesserungen vorliegen. Gewiß ist nichts dagegen einzuwenden, einen Erfolg auch zu feiern. Doch den ganzen Feldzug vorschnell als gewonnen anzusehen, kann sich katastrophal auswirken. Bis sich Veränderungen durchgesetzt und der Unternehmenskultur tief eingeprägt haben, können fünf bis zehn Jahre vergehen. Vorher sind neue Vorgehensweisen einfach noch unstabil und Rückfälle nicht auszuschließen.

Jüngst konnte ich ein Dutzend Veränderungsprogramme beobachten, die unter dem Banner »Reengineering« liefen. Abgesehen von zwei Fällen wurde bei allen anderen nach Abschluß des ersten größeren Projekts zwei oder drei Jahre später der Sieg verkündet sowie den Beratern gedankt und die hohen Honorare gezahlt. Innerhalb von zwei weiteren Jahren verschwanden die eingeführten nützlichen Veränderungen nach und nach wieder; in zwei Unternehmen finden sich heute kaum noch Spuren des Reengineeringprojekts.

Ähnliches passierte in den vergangenen 20 Jahren bei gewaltigen Qualitätssicherungsprojekten, Programmen zur Organisationsentwicklung und manchen anderen Vorhaben. In der Regel fangen die Probleme schon im Frühstadium des Prozesses an: Der Sinn für die Dringlichkeit der Veränderung läßt sehr zu wünschen übrig, der Einfluß der Führungskoalition ist zu gering und die Vision unklar. Doch was allen Elan erst richtig erlöschen läßt, ist die verfrühte Siegesfeier. Danach geht die Initiative an die stark traditionsverhafteten Kräfte.

Widersinnig genug, häufig kommt diese übereilte Siegesfeier zustande, weil sich die Förderer und Widersacher des Wandels verbinden. Die Initiatoren der Erneuerung werden in ihrer Begeisterung über erste klare Anzeichen des Fortschritts überschwenglich. Ihre Gegner stimmen mit ein, sehen sie doch nun auch die Chance, weitere Veränderungen abzuwehren.

Kaum ist die Feier vorbei, preisen sie den Sieg als Zeichen dafür, daß die Schlacht gewonnen ist und die Truppe wieder einrücken sollte. Die Veränderer lassen sich von ihrem Sieg überzeugen und verringern ihre Anstrengungen. Alsbald stockt der Transformationsprozeß, und die alten Gewohnheiten und Unarten schleichen sich wieder ein.

Statt Siege zu verkünden, nutzen die Anführer erfolgreicher Erneuerungsvorhaben die aus kurzfristigen Erfolgen resultierende höhere Glaubwürdigkeit, um noch größere Probleme anzugehen. Sie nehmen sich Systeme und Strukturen vor, die zu der neuen Vision nicht passen, bisher aber noch nicht angegangen und verändert wurden. Sorgfältig achten sie darauf, wer befördert oder neu eingestellt wird und wie Beschäftigte weiter entwickelt werden. Mit noch breiter angelegten Reengineeringvorhaben gehen sie über das hinaus, was bislang getan wurde. Und sie begreifen, daß die Bestrebungen zur Erneuerung ihres Unternehmens nicht Monate, sondern Jahre brauchen.

Tatsächlich wurde bei außerordentlich erfolgreichen Transformationen über eine Spanne von sieben Jahren der Grad der Veränderung jährlich genau beziffert. Auf einer Skala von eins (niedrig) bis zehn (hoch) bekamen das Jahr eins eine Zwei, Jahr zwei eine Vier, Jahr drei eine Drei, Jahr vier eine Sieben, Jahr fünf eine Acht, Jahr sechs eine Vier und Jahr sieben eine Zwei. Der größte Fortschritt wurde also im fünften Jahr erreicht, volle 36 Monate nach den ersten sichtbaren Erfolgen.

Fehler Nr. 8: Keine Verankerung des Neuen in der Unternehmenskultur

Veränderungen sind erst dann in der Organisation richtig verwurzelt, wenn sie zu etwas ganz Selbstverständlichem geworden, dem Unternehmensorganismus sozusagen ins Blut gegangen sind. Solange sich neue Verhaltensweisen nicht von sozialen Normen und gemeinsamen Wertvorstellungen abgesichert finden, sind sie bei nachlassendem Veränderungsdruck der Gefahr ausgesetzt, verfälscht oder verächtlich gemacht zu werden.

Insbesondere zwei Faktoren sind wichtig, um Veränderungen in der Unternehmenskultur zu verankern. Da ist zum einen das wohlbedachte Bestreben, den Beschäftigten vor Augen zu führen, wie die neuen Verfahren, Verhaltensweisen und Einstellungen zur Verbesserung der Unternehmensergebnisse beitragen. Bleibt es den Leuten selbst überlassen, solche Beziehungen herzustellen, verfallen sie manchmal auf ziemlich irrige Dinge.

Da wird dann beispielsweise der meist höchst eigenwillig agierende, aber charismatische Vorsitzende Harry mit den guten Resultaten in Verbindung gebracht. Wurden die Ergebnisse nicht immer besser, als er auf dem Chefsessel saß?

Dabei übersehen die Leute dann aber, daß sie selbst zu den Erfolgen viel beitrugen, weil sie die Kunden besser bedienten und viel produktiver arbeiteten.

Allerdings bedarf es einiger kommunikativer Mühen, um den Leuten die richtigen Zusammenhänge zu verdeutlichen. Ein Unternehmen packte das besonders nachdrücklich an. Bei jeder wichtigen Besprechung verwandten die Manager einen Teil der Zeit darauf, die Gründe der Leistungssteigerung zu diskutieren. Die Firmenzeitung druckte Artikel über Artikel darüber, wie veränderte Verhaltensweisen zu den erhöhten Erträgen beigetragen haben.

Der andere Faktor besteht darin, Vorkehrungen zu treffen, damit die folgende Generation Topmanager die neuen Vorgehensweisen und Einstellungen auch wirklich vorlebt und verkörpert.

Keine Erneuerung wird lange Bestand haben, wenn bei den Kriterien für Beförderung alles wie bisher bleibt. Eine einzige schlechte Nachfolgeregelung an der Spitze einer Organisation kann gefährden, was in zehn Jahren harter Arbeit erreicht wurde. Unzulängliche Nachfolger können ins Amt kommen, wenn der Aufsichtsrat nicht voll in die Bestrebungen zur Erneuerung einbezogen war.

In mindestens drei Fällen konnte ich beobachten, daß der scheidende Chef zwar ein Vorkämpfer der Veränderung war, sein Nachfolger diese zwar nicht gerade ablehnte, aber auch nicht besonders befürwortete. Die Aufsichtsräte konnten nicht erkennen, daß sie eine ungünstige Wahl trafen, weil sie mit den Einzelheiten der Transformation nicht vertraut waren.

In einem Fall versuchte der in den Ruhestand tretende Topmanager noch – erfolglos – seinen Aufsichtsrat von einem weniger erfahrenen Kandidaten zu überzeugen, der die Transformation aber besser als die anderen Aspiranten verkörperte. In den beiden anderen Fällen stellten sich die CEO nicht gegen die Wahl ihrer Aufsichtsgremien, weil sie glaubten, die erfolgte Transformation würden ihre Nachfolger nicht mehr rückgängig machen können. Sie irrten sehr – schon nach zwei Jahren verschwanden in beiden Unternehmen die Zeichen, an denen der Erneuerungsprozeß manifest geworden war.

Es gibt noch andere Fehler, die begangen werden können und der Transformation schaden. Aber unsere acht Kardinalfehler (siehe Abbildung 4-1) wiegen am schwersten (wenngleich hier manches vereinfacht werden mußte). In der Realität stecken selbst erfolgreiche Erneuerungsprojekte voller verwirrender Überraschungen.

Doch genauso wie eine relativ einfache, aber klare Vision Manager und Mitarbeiter durch ein umfassendes Veränderungsprogramm geleiten kann, vermag so eine Vision auch die Fehlerquote zu senken. Und weniger Fehler können es sein, die den Unterschied zwischen Erfolg und Fehlschlag ausmachen.

TEIL II

Abhängigkeit und Netzwerke

Macht, Abhängigkeit und erfolgreiches Management*

Amerikaner haben in der Regel Probleme mit Macht bzw. mit der Dynamik von Machtverhältnissen. Wir mißtrauen den Motiven von Menschen, die aktiv nach Macht streben. Wir haben Angst, manipuliert zu werden. Selbst diejenigen, die glauben, daß die Ausübung von Macht unvermeidlich ist, haben ein gewisses Schuldgefühl, wenn sie Macht erwerben und nutzen. Kurz gesagt – unsere Gesamteinstellung zur Macht, die sich bis zur Geburt der Nation zurückverfolgen läßt, ist negativ. In seinem ungeheuer populären Buch *Greening of America* sprach Charles Reich für viele, als er schrieb: »Nicht der Mißbrauch von Macht, sondern die bloße Existenz von Macht ist ein Übel.«[1] Eine der vielen Konsequenzen dieser Einstellung ist, daß Macht selbst in Managementkreisen als ein Thema rationaler Untersuchung und Auseinandersetzung kaum Aufmerksamkeit gefunden hat.

Wenn Sie dies anzweifeln, brauchen Sie nur einige Lehrbücher, Zeitschriften oder Broschüren zu Managementseminaren durchzublättern: Das Wort »Macht« erscheint selten.

Das mangelnde Interesse an dem Thema trägt nur weiter zu der enormen Verwirrung bei, welche die Frage von »Macht und Management« umgibt. Und diese Verwirrung wird zunehmend belastender, weil in den großen und komplexen Organisationen der heutigen Zeit die meisten Managementpositionen große Fähigkeiten im Erwerb und in der Ausübung von Macht verlangen.

* Anm. d. Autors: Diese Untersuchung basiert auf empirischen Daten, die in einer Studie in 26 Organisationen erhoben wurden. Diese umfaßten kleine und große, öffentliche und private Organisationen, Fertigungsbetriebe und Dienstleistungsunternehmen. Die Studie wurde von der Division of Research der Harvard Business School gefördert. Im Verlauf der Untersuchung interviewte der Autor etwa 250 Manager. Erstveröffentlichung im *Harvard Business Review*, Juli-August 1977

Aufgrund meiner Beobachtungen vermute ich, daß eine große Zahl von Managerinnen und Managern, darunter vor allem junge, gut ausgebildete Leute, weit unter ihrem vollen Leistungspotential bleiben, weil sie die Dynamik der Macht nicht verstehen und nicht den notwendigen Instinkt entwickelt haben, Macht zu erwerben und auszuüben.

Im folgenden hoffe ich, einige der Mißverständnisse über die Beziehung zwischen Macht und Management klären zu können, indem ich vorläufige Anworten auf drei Fragen gebe:

1. Warum ist die Dynamik der Macht notwendigerweise ein wichtiger Teil der Managementtätigkeit?
2. Wie erwerben erfolgreiche Manager Macht?
3. Wie und zu welchem Zweck benutzen erfolgreiche Manager Macht?

Wenn ich die Frage des Mißbrauchs von Macht hier nicht behandle, so nicht, weil ich sie für unwichtig hielte. Erwerb von Macht – vornehmlich zum Zweck der eigenen Bereicherung – ist ein sehr wichtiges Thema, das Aufmerksamkeit und sorgfältige Untersuchung verdient. Aber es handelt sich um ein komplexes Thema, das bereits eingehender untersucht wurde als das dieses Beitrags.

Abhängigkeiten in der Tätigkeit des Managers erkennen

Ein wesentliches Kennzeichen typischer Manager ist der Grad ihrer Abhängigkeit von verschiedenen anderen Menschen.[2] Anders als Ärzte und Mathematiker, deren Leistung direkter von ihren eigenen Talenten und Anstrengungen abhängt, sind Manager in verschiedenen Ausmaßen von ihren Vorgesetzen, Untergebenen, Kollegen in anderen Abteilungen der Organisation, Untergebenen dieser Kollegen, externen Zulieferern, Kunden, Wettbewerbern, Gewerkschaften, Regulierungsbehörden und vielen anderen abhängig.
Diese Abhängigkeitsbeziehungen sind aus zwei Gründen unabdingbarer Bestandteil der Tätigkeit eines Managers: wegen der Arbeitsteilung und wegen der begrenzten Ressourcen. Da die Arbeit in einer Organisation auf spezialisierte Divisionen, Abteilungen und Ar-

beitsplätze verteilt ist, hängen Manager direkt oder indirekt von vielen anderen ab, von denen sie Informationen, Dienstleistungen und allgemein verschiedene Formen der Zusammenarbeit erhalten. Aufgrund der beschränkten Ressourcen ihrer Organisation sind Manager auch auf Unterstützung aus dem externen Umfeld angewiesen. Ohne ein Minimum an Zusammenarbeit mit Zulieferern, Wettbewerbern, Gewerkschaften, Regulierungsbehörden und Kunden können Manager ihre Organisation nicht am Leben erhalten und ihre Ziele erreichen.

Der Umgang mit diesen Abhängigkeiten und der hieraus resultierenden Verletzlichkeit ist ein wichtiger und schwieriger Bestandteil der Arbeit eines Managers. Es ist zwar theoretisch möglich, daß alle diese Menschen und Organisationen von sich aus genauso handeln, wie es ein Manager wünscht und braucht; tatsächlich kommt dies aber fast nie vor. Alle Menschen, von denen ein Manager abhängt, haben eine begrenzte Menge von Zeit, Energie und Talent, auf die auch andere Anspruch erheben.

Einige Leute mögen unkooperativ sein, weil sie an anderer Stelle zu beschäftigt sind, einige, weil sie tatsächlich nicht in der Lage sind, zu helfen. Wieder andere haben Ziele, Werte und Überzeugungen, die zu denen des Managers konträr laufen, und sind daher in keiner Weise geneigt, zu helfen oder zu kooperieren. Dies ist offensichtlich bei einem Wettbewerbsunternehmen und manchmal bei einer Gewerkschaft der Fall, aber es kann auch auf einen Chef zutreffen, der sich von der zu erfolgreichen Karriere eines Mitarbeiters bedroht fühlt, oder einen gleichrangigen Manager, dessen Ziele mit denen des Kollegen kollidieren.

Oft befinden sich Manager in Abhängigkeit von vielen Menschen (und Dingen), die sie nicht direkt kontrollieren und die nicht kooperieren. Dies ist die Quelle der größten Frustrationen, die Manager, auch Spitzenleute, in ihrer Tätigkeit erfahren können. Betrachten wir das folgende Beispiel:

> Nach fast zwölfmonatigen Gerüchten wurde bekanntgegeben, daß der Präsident der ABC Corporation zum Chief Executive Officer gewählt worden sei und daß Jim Franklin, der Vizepräsident Finanzen, dessen Position übernehmen werde. Während fast jedem bei ABC klar war, daß ein baldiger Wechsel anstand, war vor dieser Ankündigung nicht abzusehen, wer der neue Vorstandsvorsitzende sein würde. Die meisten hatten auf Phil Cook, den Vizepräsident Marketing, gesetzt.

Nach neun Monaten seiner Arbeit als CEO bekam Franklin den Eindruck, daß Phil Cook (immer noch Marketingchef) ihn auf subtile Weise und mit kleinen Nadelstichen bekämpfe. Es fiel nichts Gravierendes vor, aber Cook kooperierte mit Franklin nicht wie die anderen Vizepräsidenten. Kurz nach seiner Ernennung versuchte Franklin, den heraufziehenden Konflikt mit Cook zu umgehen, indem er ihm mitteilte, daß er es verstehen könne, wenn Cook sich um eine Position als CEO in einer anderen Firma bemühen würde. Franklin betonte, daß es ein großer Verlust für das Unternehmen sei, aber daß er Cook unterstützen werde, falls er sich woanders hin orientieren sollte. Cook dankte Franklin, erklärte jedoch, daß für ihn aufgrund familiärer Verpflichtungen und seines Engagements in der Gemeinde ein Umzug nicht in Frage käme, aber daß nur an anderen Orten eine Position als CEO zu finden sei.

Da sich die Situation im zehnten und elften Monat nicht besserte, erwog Franklin ernsthaft, Cook gewaltsam zu entfernen. Als er über die Konsequenzen eines solchen Schrittes nachdachte, wurde ihm immer stärker klar, wie sehr er von Cook abhing. Marketing und Vertrieb waren in dieser Branche die Schlüssel zum Erfolg, und die Vertriebsmannschaft des Unternehmens war eine der besten, wenn nicht die beste in der gesamten Industrie. Cook war seit 25 Jahren in der Firma, hatte enge persönliche Beziehungen mit vielen Leuten im Vertrieb aufgebaut und war sehr beliebt. Einer Entlassung Cooks wäre möglicherweise ein Massenexodus gefolgt. Ein Verlust einer größeren Zahl von Vertriebsleuten oder selbst nur ein größerer Aufruhr in der Abteilung hätte ernsthafte negative Auswirkungen auf das Ergebnis des Unternehmens gehabt.

Nach einem Jahr als CEO mußte Franklin konstatieren, daß die Situation zwischen Cook und ihm sich zu einer ständigen Quelle der Frustration entwickelt hatte.

Wenn eine Person in einem Unternehmen formale Autorität gewinnt, vergrößern sich die Bereiche, in denen er oder sie verletzlich ist; die Situation wird eher komplexer als einfacher. Wie das Beispiel zeigt, ist der Präsident einer Organisation sehr oft in einer hochgradig abhängigen Position, eine Tatsache, die oft weder dem Außenseiter noch der aufstrebenden Führungskraft bewußt ist.

Ein beträchtlicher Teil des Verhaltens erfolgreicher Manager, der uns im Lichte des Lehrbuchwissens unerklärlich erscheint, erklärt sich aus der Notwendigkeit, die Beziehungen zu anderen zu managen.[3] Um in der Lage zu sein, zu planen, zu organisieren, Budgets zu erstellen, Personal zu beschaffen, Situationen einzuschätzen und zu kontrollieren, brauchen Manager eine Form von Kontrolle über die vielen Menschen, von denen sie abhängen. Der Versuch, andere lediglich auf der Grundlage der mit der eigenen Position verbundenen Macht zu lenken, muß scheitern: erstens, weil Manager immer von irgendwelchen Menschen abhängig sind, über die sie keine formale Autorität haben, und zweitens, weil so gut wie niemand in einem modernen Unternehmen einen ständigen Strom von Befehlen eines anderen geduldig akzeptiert und vollständig befolgt, nur weil dieser (oder *diese*) andere der »Boss« ist.

Auch der Versuch, andere schlicht zu überzeugen, funktioniert nicht immer. Obwohl sehr wirksam und vielleicht für sich genommen das wichtigste Werkzeug der Beeinflussung, hat auch das Mittel der Überzeugung einige Nachteile. Es erfolgreich einzusetzen erfordert Zeit (oft sehr viel Zeit), Geschick und Informationen. Überzeugung kann aus dem ganz einfachen Grund scheitern, daß der andere überhaupt nicht oder nicht aufmerksam genug zuhört.

Das soll nicht heißen, daß die Lenkung von Mitarbeitern auf der Basis von formaler Macht oder mit Hilfe der Überzeugungskraft nicht sehr wichtige Werkzeuge des erfolgreichen Managers wären. Sie sind aber selbst zusammengenommen im Normalfall nicht ausreichend.

Erfolgreiche Manager bewältigen ihre Abhängigkeit von anderen, indem sie sensibel für das Problem sind, unnötige Abhängigkeiten eliminieren oder vermeiden und Macht über die erlangen, auf die sie angewiesen sind. Gute Manager benutzen diese Macht, um den anderen beim Planen, Organisieren, Budgetieren etc. zu helfen. *Mit anderen Worten: Vor allem aufgrund der Abhängigkeiten, die der Managementarbeit innewohnen, bildet der Umgang mit der Macht einen grundlegenden Bestandteil des Managementprozesses.*

Vor einigen Jahren nahm ich an einem Trainingsseminar für Manager der mittleren Führungsebene teil, wo ich Zeuge der folgenden Kontroverse wurde. Die Episode bietet eine gute Illustration der Beziehung zwischen dem Machtbedarf eines Managers und seiner Abhängigkeit von anderen.

Zwei Teilnehmer, beide Manager in ihren Dreißigern, gerieten über die Frage des Erwerbs und Einsatzes von Macht in einen erregten Streit. Der eine argumentierte, daß Macht absolut zentral für die Managementarbeit sei, der andere hielt Macht für nachgerade irrelevant. Jeder beschrieb einen sehr »erfolgreichen« Manager aus seiner eigenen Erfahrung. In dem einen Beispiel schien der Manager ununterbrochen Macht zu erwerben und auszuüben, im anderen Fall geschah dies selten. Beide Teilnehmer wurden gebeten, die Arbeit ihres erfolgreichen Managers vor dem Hintergrund der dieser Tätigkeit inhärenten Abhängigkeiten zu beschreiben.

Der junge Manager, der Macht für unwichtig hielt, beschrieb den Personalchef eines kleinen Unternehmens, der nur von seinen unmittelbaren Untergebenen, seinen gleichberechtigten Kollegen und seinem Chef abhängig war. Dieser Mann, Joe Phillips, war darauf angewiesen, daß seine Mitarbeiter ihre Arbeit anständig machten, aber im Notfall konnte er ziemlich leicht selbst für sie einspringen oder sie schnell ersetzen. Zudem hatte er beträchtliche formale Autorität über sie; er konnte ihnen Gehaltserhöhungen und neue Arbeitsaufträge geben, sie für Beförderungen vorschlagen und sie entlassen. Er war in Maßen, vor allem was Information und Kooperation anbetraf, von den anderen vier Vizepräsidenten des Unternehmens abhängig. Sie waren gleichermaßen abhängig von ihm. Der Präsident des Unternehmens hatte beträchtliche formale Autorität über Phillips, war gleichzeitig jedoch auch in Maßen von ihm abhängig: Er erhielt von ihm Hilfe, Expertise, die Dienstleistungen seiner Abteilung, Informationen und weitere generelle Formen der Zusammenarbeit.

Der zweite Teilnehmer, für den Macht sehr wichtig war, beschrieb den Leiter einer Serviceabteilung in einem großen, komplexen und schnell wachsenden Unternehmen. Dieser Mann, Sam Weller, war in einer ganz anderen Situation. Er war nicht nur auf Belohnungen und Informationen von seinem eigenen Vorgesetzten angewiesen, sondern hatte mit 30 anderen Personen zu tun, aus denen sich das Topmanagement der Divisionen und des Gesamtunternehmens zusammensetzte. Und während sein eigener Chef, wie der von Phillips, in Maßen auch von ihm abhängig war, waren es die anderen Topmanager nicht. Anders als im Fall von Phillips, hatten Wellers Untergebene wiederum Mitarbeiter, die ihnen berichteten; Weller hing also nicht nur von seinen Untergebenen, sondern auch von deren Untergebenen ab. Weil er nicht wie Philipps die technischen Jobs dieser Leute leicht übernehmen oder schnell Ersatz finden konnte, war er sehr abhängig von all diesen Personen.

Zusätzlich war Weller wegen kritischer Teile auf zwei weitere Abteilungsleiter in der Division angewiesen. Ohne deren pünktliche Hilfe konnte seine Abteilung unmöglich ihre Arbeit machen. Die anderen Abteilungen hatten jedoch kein ähnlich starkes Bedürfnis nach Wellers Hilfe und Kooperation. Weller befand sich des weiteren in Abhängigkeit von den örtlichen Gewerkschaftsfunktionären und von einer Bundesbehörde, die die Branche seiner Division beaufsichtigte. Beide konnten seine Division im schlimmsten Fall zum Stillstand bringen.

Und schließlich war er auch noch auf zwei externe Zulieferer angewiesen. Da seine Abteilung von diesen Firmen keine großen Mengen bezog, hatte er wenig Macht über sie.

Unter diesen Umständen ist es kaum erstaunlich, daß Sam Weller beträchtliche Zeit und Energie auf den Erwerb und Einsatz von Macht verwenden mußte.

Wie dieses Beispiel zeigt, erfordert nicht jede Position das gleiche Maß an »Machtmanagement«. Aber die meisten Jobs im Management gleichen heute eher dem von Weller als dem von Phillips. Vor allem geht in den letzten zwei bis drei Jahrzehnten der Trend eindeutig in Richtung Komplexität – was sich auch nicht ändern wird: Technologieorientierung und Komplexität steigen weiter, die durchschnittliche Organisation wächst weiterhin, die durchschnittlichen Branchen sind durch zunehmenden Wettbewerb, aber auch wachsende Regulierung gekennzeichnet etc. Entsprechend wird der effiziente Erwerb und Einsatz von Macht für Manager zunehmend wichtiger.

Macht in Beziehungen entwickeln

Um die Abhängigkeitsbeziehungen in ihrer Tätigkeit wirksam bewältigen zu können, erzeugen, verstärken und bewahren gute Manager vier Arten von Macht über andere.[4] Macht auf diesen Gebieten versetzt den Manager in die Lage, diejenigen, auf die er oder sie angewiesen ist, zu beeinflussen und von sich selbst Schaden abzuwenden.

Sich andere verpflichten

Eine der Arten, wie erfolgreiche Manager Macht in ihren Beziehungen zu anderen entwickeln, ist, sich diese zu verpflichten. Wenn der Manager erfolgreich ist, lassen die anderen sich – zu Recht! – bis zu einem gewissen Grad von ihm beeinflussen. Erfolgreiche Manager nehmen oft große Mühen in Kauf, um anderen einen Gefallen zu tun, die sich daraufhin zur Dankbarkeit verpflichtet fühlen. Oft sind es aber auch Dinge, die sehr wenig kosten, von anderen aber sehr hoch geschätzt werden, wie die folgende Schilderung eines Managers durch einen seiner Untergebenen zeigt.

> Die meisten Leute hier würden für unseren Chef barfuß durch die Hölle gehen. Er hat eine unglaubliche Fähigkeit, kleine Dinge zu tun, die viel bedeuten. Heute sah er zum Beispiel in seiner Post eine Anzeige für etwas, wonach einer meiner Mitarbeiter schon lange sucht. Dieser Mann hatte die Angelegenheit nur einmal ganz beiläufig erwähnt. Mein Boss schickte ihm die Information. Das kostete ihn vielleicht 15 Sekunden seiner Zeit, aber mein Mitarbeiter freute sich sehr darüber. Ein anderes Beispiel: Vor zwei Wochen erfuhr er irgendwie, daß die Mutter des Einkaufsleiters gestorben war. Auf dem Nachhauseweg nach der Arbeit fuhr er kurz bei der Leichenhalle vorbei, wo sein Mitarbeiter sich aufhielt. Ich wette, der wird diesen kurzen Besuch lange nicht vergessen.

In dem Bewußtsein, daß für die meisten Menschen Freundschaft bestimmte Obligationen mit sich bringt (»Freunde in der Not ...«) versuchen erfolgreiche Manager oft, Freundschaften mit denen zu entwickeln, auf die sie angewiesen sind. Sie schließen formelle und informelle »Deals« ab, in denen sie etwas aufgeben, um in Zukunft gewisse Gegenleistungen zu erhalten.

Der Glaube an die Kompetenz eines Managers

Die zweite Art, wie erfolgreiche Manager Macht gewinnen, ist, einen Ruf als Experte auf bestimmten Gebieten zu erwerben. Aufgrund des Glaubens an seine Fähigkeiten werden andere einem Manager oft bereitwillig nachgeben. Führungskräfte etablieren diese Art von Macht normalerweise durch sichtbare Leistungen. Je größer der erzielte Erfolg und je besser sichtbar er ist, desto mehr Macht erwirbt der Manager normalerweise. Dies ist einer der Hauptgründe für die Bedeutung, die Manager ihrer professionellen Reputation und ihrer Erfolgsbilanz beimessen.
In großen Organisationen spielen diese Faktoren eine besondere Rolle, weil die meisten Angestellten über die professionelle Kompetenz anderer nur Informationen aus zweiter Hand haben. Betrachten wir dazu folgenden Fall:

> Herb Randley und Bert Kline waren beide 35jährige Vizepräsidenten in einem großen Forschungs- und Entwicklungsinstitut. Im Urteil ihrer engsten Mitarbeiter waren sie gleich intelligent und kompetent – sowohl auf ihren technischen Gebieten als auch in ihrer Funktion als Manager. Dennoch hatte Randley in den mei-

sten Bereichen des Unternehmens einen viel besseren professionellen Ruf, und seine Ansichten hatten im allgemeinen ein weit höheres Gewicht. Enge Freunde und Mitarbeiter behaupten, der Grund hierfür sei, daß Randley anders als Kline eine Anzahl von entsprechenden taktischen Maßnahmen ergriff.

Randley hat mehr veröffentlicht als Kline – sowohl wissenschaftliche Arbeiten als auch Beiträge über Managementfragen. Er hat sich seine Aufträge genauer ausgesucht und dabei auf »Sichtbarkeit« ebenso geachtet wie darauf, daß es um Themen ging, bei denen er besonders stark war. Er hat mehr Vorträge gehalten und Projekte vorgestellt, die hauptsächlich auf seiner eigenen Leistung basierten. In Besprechungen tritt er stark auf, wenn er über Expertenwissen verfügt, andernfalls hält er sich zurück.

Identifikation mit einem Manager

Eine dritte Methode, mit der Manager Macht gewinnen können, besteht darin, andere zu einer unbewußten Identifikation mit der eigenen Person bzw. den eigenen Zielen zu bringen. Sigmund Freud hat als erster dieses Phänomen beschrieben, das am klarsten zutage tritt, wenn Menschen einem charismatischen Führer begegnen. Allgemein gilt: Je stärker jemand bewußt (und vor allem unbewußt) einen Manager als ideale Person empfindet, desto mehr wird er oder sie sich diesem Manager unterwerfen.

Manager entwickeln auf der Grundlage dieser Idealisierung auf verschiedene Weise Macht: Sie versuchen, sich durch Auftreten und Verhalten Respekt zu verschaffen. Sie achten auf hohe »Sichtbarkeit« gegenüber ihren Angestellten und halten Vorträge über ihre organisatorischen Ziele, Wertvorstellungen und Ideale. Sie ziehen sogar bei Einstellungs- und Beförderungsentscheidungen in Betracht, ob sie über die Kandidaten diese Art von Macht gewinnen können:

Der für den Vertrieb zuständige Vizepräsident eines mittleren Fertigungsunternehmens stand in dem Ruf, eine so große Kontrolle über seine Mannschaft zu haben, daß er sie dreimal so schnell wie seine besten Mitbewerber auf ein völlig neues Marketingprogramm umstellen könne. Seine Macht über seine Mitarbeiter beruhte primär auf deren starker Identifikation mit ihm und dem, wofür er stand. Als Emigrant mit 17 Jahren in die Vereinigten Staaten gekommen, hatte er sich »aus dem Nichts« nach oben gearbeitet. Als er 1965 Vertriebsmanager wurde, begann er systematisch, andere junge Immigranten und Söhne von Immigranten aus seinem Heimatland einzustellen. Diese Politik behielt er bei, als er 1970 Vertriebsleiter und Vizepräsident des Unternehmens wurde. Im Jahre 1975 bestand die ganze Vertriebsmannschaft zu 85 Prozent aus Leuten, die entweder er selbst oder die von ihm eingestellten Mitarbeiter ins Unternehmen geholt hatten.

Wahrgenommene Abhängigkeit von einem Manager

Die letzte Möglichkeit, Macht über andere zu gewinnen, ist, ihnen klarzumachen, daß sie abhängig sind. Je stärker Mitarbeiter ihre Abhängigkeit wahrnehmen, desto eher werden sie meist bereit sein, mit dem Manager zusammenzuarbeiten.
Erfolgreiche Manager verfügen über zwei Methoden, erkennbare Abhängigkeit zu erzeugen.

Ressourcen zuteilen

Im ersten Fall identifiziert der Manager Ressourcen, die jemand braucht, um seine Arbeit machen zu können. Es sind Ressourcen, über die der Mitarbeiter nicht verfügt und die nicht leicht woanders zu beschaffen sind. Dazu gehören z. B. Dinge wie eine bestimmte Entscheidungsgewalt, Kontrolle über Geld, Ausrüstungen und Büroraum, Zugang zu wichtigen Leuten und Informationskanälen sowie zu Mitarbeitern. Dann zeigt der Manager dem anderen klar und deutlich, daß er über diese Ressourcen verfügt und sie ihm zuteilen (oder vorenthalten) kann. Betrachten wir das folgende extreme – aber wahre – Beispiel:

Als der junge Tim Babcock mit der Leitung einer Division eines großen Fertigungsunternehmens betraut wurde und beauftragt wurde, sie völlig umzugestalten, verbrachte er erst einige Wochen damit, das Problem aus der Ferne zu studieren. Er erkannte, daß die Division in einem verheerenden Zustand war und er viele große und schnelle Schritte unternehmen müßte, um sie zu retten. Er erkannte, daß er zu diesem Zweck schnellstmöglich beträchtliche Macht über das Management und die Mitarbeiter der Division erlangen mußte. Er ging wie folgt vor:

1. Er kündigte dem Management der Division sein Eintreffen erst zwei Stunden vorher an.
2. Er kam in einer Limousine mit sechs Assistenten.
3. Er berief sofort eine Versammlung der 40 Topmanager ein.
4. Er erläuterte kurz seine Einschätzung der Situation, seine Absicht, »den Karren aus dem Dreck zu ziehen« und die Richtung, in die er gehen wolle.
5. Dann feuerte er die vier höchsten Manager im Raum und sagte ihnen, daß sie in zwei Stunden das Gebäude zu verlassen hätten.
6. Hierauf verkündete er, persönlich die Karriere all derer zu ruinieren, die sich seinen Bemühungen, die Division zu retten, in den Weg stellen würden.
7. Er beendete das 60minütige Treffen mit der Ankündigung, daß seine Assistenten jetzt mit den einzelnen Managern Termine bei ihm machen würden – ab 7.00 Uhr des nächsten Morgens.

Während der folgenden kritischen sechsmonatigen Phase arbeiteten alle, die im Unternehmen geblieben waren, energisch mit Mr. Babcock zusammen.

Die Wahrnehmung von Ressourcen beeinflussen

Eine zweite, vielversprechende Methode dieser Art von Machterwerb besteht darin, Einfluß auszuüben auf die Art, wie die Ressourcen, über die ein Manager verfügt, wahrgenommen werden.[5] In Situationen, wo viele Menschen zusammenarbeiten und der Manager nicht kontinuierlich mit allen interagiert, von denen er oder sie abhängig ist, wissen diese Menschen nicht unbedingt konkret, über welche Ressourcen der Manager direkt oder indirekt jetzt und in Zukunft verfügt oder wie er diese Ressourcen zum Schaden oder Nutzen des Mitarbeiters einsetzen kann.
Die Mitarbeiter müssen sich ihr eigenes Urteil bilden, und ein Manager kann seine auf angeblichen Ressourcen basierende Macht in dem Maße vergrößern, wie er dieses Urteil beeinflussen kann.
In diesem Beeinflussungsprozeß achten Manager ständig auf mögliche »Fallen« der Macht, auf ihre Reputation und ihr Bild in der Öffentlichkeit. Unter anderem richten sie ihr Büro sehr sorgfältig ein und versehen es mit bestimmten Machtsymbolen. Sie verkehren mit Menschen oder Organisationen, die als mächtig gelten. Manager

können gezielt Gerüchte über ihre Macht streuen. Diejenigen, welche besonders geschickt darin sind, auf diese Art Macht zu erlangen, achten sehr auf die Wirkung, die ihr gesamtes Handeln auf andere hat.

Formale Autorität

Vor einer Diskussion der Art und Weise, wie Manager ihre Macht zur Beeinflussung anderer benutzen, ist es nützlich, das Verhältnis zwischen formaler Autorität und Macht zu betrachten. Mit »formaler Autorität« meine ich die Elemente, die implizit zu einer Position gehören – vielleicht ein Titel, ein Büro, ein Budget, das Recht, bestimmte Entscheidungen zu treffen, Mitarbeiter, ein Rang in der Hierarchie etc.

Erfolgreiche Manager benutzen die formalen Elemente der Autorität als Ressourcen bei dem Erwerb von Macht auf den vier beschriebenen Wegen in ähnlicher Weise wie sie andere Ressourcen – etwa ihre Ausbildung – benutzen. Zwei Manager mit derselben formalen Autorität können über völlig verschiedene Mengen von Macht verfügen, je nachdem, wie sie ihre Autorität genutzt haben. Zum Beispiel:

1. Ein Manager setzt sich mit neuen Mitarbeitern oder mit Leuten, die ein neues Projekt beginnen, an einen Tisch und spezifiziert klar, wer welche formale Autorität hat. Damit schafft er ein Gefühl der Verpflichtung, und seine Autorität wird später stärker anerkannt.
2. Ein Manager zeigt anderen Managern klar seine Macht, indem er ihren Abteilungen wahlweise die hochqualifizierten Dienstleistungen gewährt oder vorenthält; die seine Abteilung anbieten kann.

Für sich genommen garantiert formale Autorität also noch keine Macht; sie ist nur eine Ressource, die Manager nutzen können, um in ihren Beziehungen Macht zu erzeugen.

Macht ausüben, um andere zu beeinflussen

Erfolgreiche Manager benutzen die Macht, die sie in ihren Beziehungen entwickeln, zusammen mit ihrer Überzeugungskraft, um die Mitarbeiter, von denen sie abhängig sind, in ihrem Verhalten so zu beeinflussen, daß die Manager ihre Arbeit möglichst effizient erledigen. Diese Beeinflussung geschieht auf direktem oder aber auf indirektem Weg (siehe Abbildung 5-1).

Direkte Beeinflussung

Der Hauptvorteil einer direkten Ausübung von Macht ist Geschwindigkeit. Wenn die Macht vorhanden ist und die Managerin oder der Manager deren Art und Stärke richtig einschätzt, läßt sich ein anderer Mensch mit einer kurzen Bitte oder Anweisung lenken:

Jones glaubt, daß Smith ihm aufgrund früherer Gefälligkeiten verpflichtet sei. Weiterhin glaubt Jones, daß seine Bitte, ein Projekt um zwei Tage zu beschleunigen, in den Bereich dessen fällt, was Smith angesichts seiner Verpflichtung gegenüber Jones noch als legitim empfindet. Also ruft er Smith einfach an und äußert seine Bitte. Smith denkt nur eine Sekunde nach und sagt ja.

Manager Johnson hat auf der Grundlage wahrgenommener Abhängigkeiten einige Macht über Manager Baker. Als Johnson ihn auffordert, in 24 Stunden einen Bericht abzuliefern, wägt Baker widerwillig die Kosten von Einwilligung, Weigerung und Beschwerde bei einer höheren Instanz gegeneinander ab. Er entscheidet, daß die Anfertigung des Berichts das günstigste Vorgehen ist, und sagt Johnson, daß er seiner Aufforderung nachkommen werde.

Porter identifiziert sich sehr stark mit Marquette, einer älteren Managerin, die nicht ihre direkte Vorgesetzte ist. Porter hält Marquette für den Inbegriff des Managertums und versucht sich nach ihrem Vorbild zu entwickeln. Marquette bittet Porter, in einem besonderen Projekt mitzuarbeiten, das »sehr dazu beitragen würde, das Unternehmen kompetitiver zu machen«; Porter sagt ohne Zögern zu und arbeitet 15 Stunden pro Woche über ihre eigentliche Arbeitszeit hinaus, um das Projekt zum Erfolg zu führen.

DIREKTE METHODEN	WAS SIE ERREICHEN KÖNNEN
Machtausübung auf der Grundlage von Verpflichtung.	Verhalten innerhalb eines Bereichs, den der andere angesichts seiner Verpflichtungen als legitim anerkennt.
Machtausübung auf der Grundlage wahrgenommener Kompetenz.	Einstellungen und Verhalten innerhalb des Bereichs der wahrgenommenen Kompetenz.
Machtausübung auf der Grundlage einer Identifikation mit dem Manager.	Einstellungen und Verhaltensweisen, die nicht im Konflikt mit der idealisierten Identifikationsfigur stehen.
Machtausübung auf der Grundlage einer wahrgenommenen Abhängigkeit.	Ein breites Spektrum von Verhaltensweisen kann überwacht werden.
Zwangsweise Ausübung von Macht auf der Grundlage einer wahrgenommenen Abhängigkeit.	Ein breites Spektrum von Verhaltensweisen kann leicht überwacht werden.
Anwendung von Überzeugungskraft.	Ein sehr breites Spektrum von Einstellungen und Verhaltensweisen.
Kombination dieser Methoden.	Hängt von der genauen Kombination ab.
INDIREKTE METHODEN	**WAS SIE ERREICHEN KÖNNEN**
Die Umwelt des anderen unter Einsatz einer oder aller direkten Methoden manipulieren.	Ein breites Spektrum von Verhaltensweisen und Einstellungen.
Ändern der Kräfte, die kontinuierlich auf das Individuum einwirken: formale organisatorische Strukturen, informelle soziale Arrangements, Technologie, verfügbare Ressourcen, Formulierung organisatorischer Ziele.	Ein breites Spektrum von Verhaltensweisen und Einstellungen auf kontinuierlicher Basis.

Abb. 5-1: Methoden der Einflußnahme

VORTEILE	NACHTEILE
Schnell; erfordert keinen Einsatz materieller Ressourcen.	Wenn der Anspruch außerhalb des akzeptierten Bereichs liegt, wird er zurückgewiesen; wenn er sehr weit außerhalb liegt, wird er als illegitim betrachtet.
Schnell; erfordert keine Ausgabe materieller Ressourcen.	Wenn der Anspruch außerhalb des akzeptierten Bereichs liegt, wird er zurückgewiesen; wenn er sehr weit außerhalb liegt, wird er als illegitim betrachtet.
Schnell; erfordert keine Investitionen in knappe Ressourcen.	Beschränkt auf Beeinflussungsmöglichkeiten, die nicht im Konflikt mit der idealisierten Identifikationsfigur stehen.
Schnell; hat oft Erfolg, wo andere Methoden versagen.	Wiederholte Beeinflussungsversuche ermutigen den anderen, seinerseits Macht über den »Angreifer« anzustreben.
Schnell; hat oft Erfolg, wo andere Methoden versagen.	Provoziert Vergeltungsmaßnahmen; sehr riskant.
Kann eine verinnerlichte Motivation erzeugen, die keiner Überwachung bedarf; erfordert keine Macht oder Einsatz materieller Ressourcen	Kann sehr zeitaufwendig sein; Voraussetzung ist, daß die andere Person zuhört.
Kann wirksamer und weniger riskant als der Einsatz einer einzelnen Methode sein.	Aufwendiger als der Einsatz einer einzelnen Methode.
VORTEILE	**NACHTEILE**
Kann zum Erfolg führen, wenn direkte Methoden versagen.	Kann zeitaufwendig sein und ist sehr komplex in der Umsetzung; sehr riskant, vor allem bei häufigem Gebrauch.
Hat kontinuierliche Auswirkungen; kann sehr wirkungsvoll sein.	Erfordert oft einen beträchtlichen Einsatz von Macht.

Jeder dieser vier Typen von Macht hat verschiedene Vor- und Nachteile. Beispielsweise kann Macht auf der Grundlage von wahrgenommener Kompetenz oder Identifikation mit einem Manager oft eingesetzt werden, um nicht nur das augenblickliche Verhalten, sondern auch die langfristigen Einstellungen zu beeinflussen. Es ist sehr schwierig, Einstellungen durch Einsatz von Macht auf der Basis von wahrgenommenen Abhängigkeiten zu beeinflussen, aber wenn es gelingt, hat dies für gewöhnlich den Vorteil, daß man damit ein viel breiteres Spektrum von Verhaltensweisen beeinflussen kann als mit den anderen Methoden. Wenn man beispielsweise Macht auf der Basis von Kompetenz ausübt, kann man damit lediglich Einstellungen und Verhaltensweisen beeinflussen, die in den schmalen Bereich fallen, der von der fachlichen Kompetenz definiert wird.

Die Nachteile, die mit dem Einsatz von Macht auf der Basis von wahrgenommenen Abhängigkeiten verbunden sind, bedürfen einer besonderen Aufmerksamkeit. Jemand, der in puncto Belohnungen (oder Vermeidung von Bestrafungen) Abhängigkeit von einem Manager empfindet, wird schnell jeder Aufforderung des Managers entsprechen, dann aber nicht unbedingt »am Ball bleiben« – vor allem, wenn der Manager nicht leicht kontrollieren kann, ob der Mitarbeiter tatsächlich Gehorsam geleistet hat. Wiederholte Beeinflussungsversuche auf der Grundlage wahrgenommener Abhängigkeiten scheinen darüber hinaus Gegenreaktionen auszulösen: Der Mitarbeiter versucht, als Gegengewicht zur Macht des Managers seinerseits mehr Macht zu gewinnen. Und, was vielleicht am wichtigsten ist: Zwangsweise Ausübung von Macht auf der Basis von Abhängigkeiten ist sehr riskant. Zwang provoziert Vergeltung.

So hätte beispielsweise im Fall des Sanierers Tim Babcock dessen Einsatz von Macht auf der Basis von Abhängigkeiten auch zu Massenkündigungen und damit zum Zusammenbruch der Division führen können. Babcock war sich jedoch dieses Risikos voll bewußt und ging deshalb so brutal vor, weil er *keine andere Möglichkeit* sah, die zur Rettung der Division erforderliche schnelle und bedingungslose Zusammenarbeit zu gewährleisten.

Erfolgreiche Manager greifen oft auf mehr als eine Form der Machtausübung zurück, oder sie kombinieren Macht mit Überzeugungskraft. Prinzipiell kann eine Kombination von Methoden wirksamer und weniger riskant sein als ein einzelner Ansatz, wie der folgende Fall illustriert:

Einer der besten Manager in unserem Unternehmen hat aus dem einen oder anderen Grund viel Macht über die meisten Leute. Aber er erteilt selten oder fast nie lediglich Befehle, sondern nimmt sich ein paar Minuten Zeit, um die Betreffenden von der Notwendigkeit der Arbeit zu überzeugen. Seine Macht veranlaßt die Leute im allgemeinen, ihm genau und ohne Vorurteile zuzuhören; das wiederum macht die Überzeugungsarbeit leicht und schnell. Und er riskiert es nie, sein Gegenüber durch unfaire Aufforderungen oder Befehle zu irritieren oder wütend zu machen.

Weiterhin üben Manager selten puren Zwang auf der Basis von Abhängigkeit aus, sondern kombinieren dieses Mittel mit anderen Methoden, um die Gefahr der Vergeltung zu reduzieren. Auf diese Art läßt sich eine große Wirkung erzielen, ohne den bitteren Nachgeschmack einer Bestrafung zu hinterlassen.

Indirekte Beeinflussung

Erfolgreiche Manager arbeiten auch mit zwei Typen weniger direkter Methoden, um diejenigen zu beeinflussen, von denen sie abhängig sind. Erstens benutzen sie eine einzelne oder eine beliebige Kombination der direkten Methoden, um Leute zu beeinflussen, die wiederum einen besonderen Einfluß auf die eigentlich intendierte Person haben.
Der Produktmanager Stein brauchte den Fertigungsmanager Billings, um eine neue Produktidee abzusegnen (Produkt X), die Billings für schrecklich hielt. Stein entschied, daß es keinen Weg für ihn gebe, Billings zu überzeugen, weil dieser sich schlicht und einfach allen seinen Argumenten verschloß. Vielleicht hätte er mit viel Zeit den Knoten lösen können, aber Stein hatte keine Zeit. Er erkannte auch, daß Billings niemals für eine Gegenleistung oder einen Gefallen einem Produkt zustimmen würde, an das er absolut nicht glaubte. Stein wollte aber auch nicht das Risiko eingehen, Billings zur Zustimmung zu zwingen; er tat folgendes:

Am Montag veranlaßte Stein seinen Bekannten Reynolds, einen Mann, den Billings schätzte, Billings zwei Marktforschungsstudien zu schicken, die Produkt X große Chancen einräumten. Beigefügt war die Notiz: »Hast Du die schon gesehen? Ich fand's ziemlich erstaunlich, weiß nicht, ob ich der Sache ganz trauen soll, aber immerhin ...«

Am Dienstag ließ Stein einen Vertreter ihres größten Kunden am Telefon Billings gegenüber beiläufig erwähnen, er habe gerüchtweise von der Entscheidung für Produkt X gehört: »Freut mich sehr zu hören, daß Ihr Jungs wie immer auf Zack seid ...«

Am Mittwoch positionierte Stein zwei Ingenieure ungefähr in einem Meter Abstand von Billings, als man auf den Beginn einer Besprechung wartete, und ließ sie über die positiven Testergebnisse von Produkt X reden.

Am Donnerstag beraumte Stein eine Besprechung über Produkt X an, zu der er ausschließlich Leute einlud, die Billings mochte oder respektierte und die ebenfalls für Produkt X waren.

Am Freitag ging Stein zu Billings und fragte ihn, ob er bereit sei, Produkt X abzusegnen. Er stimmte zu.

Diese Art der Manipulation des Arbeitsumfeldes anderer kann sowohl das Verhalten als auch Einstellungen beeinflussen und führt oft auch da zum Erfolg, wo andere Beeinflussungsmethoden scheitern. Sie hat jedoch auch eine Anzahl schwerwiegender Nachteile. Die Methode kostet viel Zeit und Energie und ist zudem riskant. Viele halten es für falsch, andere auf diese Art beeinflussen zu wollen, selbst Leute, die – ohne es bewußt zu erkennen – selber diese Technik anwenden. Wenn jemand glaubt, daß man versucht oder versucht hat, ihn zu manipulieren, könnte er Vergeltung üben. Darüber hinaus unterminieren Menschen, die in den Ruf gekommen sind, andere zu manipulieren, schwerwiegend ihr Potential, Macht und Einfluß über andere zu entwickeln. Fast niemand möchte sich zum Beispiel mit einem Manipulator identifizieren. Und so gut wie niemand nimmt die aufrichtigen Versuche eines Manipulators ernst, wirklich zu überzeugen. In extremen Fällen kann ein Ruf als Manipulator die Karriere eines Managers vollständig ruinieren.

Eine zweite Methode, andere indirekt zu beeinflussen, ist die, in der Umgebung eines Individuums oder einer Gruppe permanent Veränderungen vorzunehmen. Der Manager kann vieles ändern: Arbeitsplatzbeschreibungen, die formalen Systeme der Leistungsbewertung, die angebotenen extrinsischen Anreize, die Werkzeuge, die Kollegen, andere Ressourcen, mit denen einzelne oder Gruppen arbeiten, die Architektur, die Normen oder Werte der Arbeitsgruppen etc. Wenn der Manager die Veränderungen erfolgreich durchsetzt

und sie die erwünschte Wirkung auf den einzelnen oder die Gruppe haben, wird dieser Effekt in der Regel von langer Dauer sein. Erfolgreiche Manager wissen, daß Veränderungen im Umfeld eines Menschen immense Auswirkungen auf das Verhalten dieses Menschen haben können. Anders als viele der behandelten Beeinflussungsmethoden erfordert dieser Ansatz weder einen beträchtlichen Einsatz beschränkter Ressourcen noch große, länger andauernde Anstrengungen von seiten des Managers. Wenn die Veränderung einmal erfolgreich vollzogen ist, treten die positiven Effekte unabhängig vom Manager auf.
Diese Methode der Beeinflussung verwenden alle Manager mehr oder weniger stark. Viele benutzen sie einfach deshalb nur in geringem Ausmaß, weil sie nicht genug Macht haben, die Kräfte im Umfeld derjenigen Person zu ändern, die sie zu beeinflussen wünschen. In vielen Organisationen hat nur das Topmanagement die Macht, die formalen Bewertungssysteme, Anreize, Architekturen etc. zu ändern.

Macht erfolgreich erwerben und einsetzen

Manager, die mit Erfolg erhebliche Macht erwerben und sie einsetzen, um ihre Abhängigkeiten von anderen zu managen, haben im allgemeinen folgende Eigenschaften:

1. Sie haben Gefühl dafür, was andere als legitime Mittel zum Erwerb und Einsatz von Macht empfinden. Sie erkennen, daß mit den vier Typen von Macht gewisse »Verpflichtungen« einhergehen – was ihren Erwerb und ihren Einsatz anbetrifft. Von jemandem, der aufgrund seiner offensichtlichen Kompetenz ein beträchtliches Maß an Macht gewonnen hat, erwartet man, daß er tatsächlich auf bestimmten Gebieten ein Experte ist. Wenn jemals öffentlich bekannt wird, daß er eindeutig nicht der geglaubte Experte ist, wird eine solche Person nicht nur als Lügner gebrandmarkt, sondern muß auch mit weiteren negativen Konsequenzen rechnen.
   Von jemandem, mit dem sich viele Menschen identifizieren, ist zu erwarten, daß er oder sie sich wie eine ideale Führungspersönlichkeit verhält. Wenn man in dieser Position Menschen hinter-

geht und enttäuscht, wird man nicht nur die auf dieser Voraussetzung beruhende Macht verlieren, sondern auch unter dem berechtigten Ärger seiner früheren Gefolgschaft zu leiden haben. Viele Manager, die auf unfaire Weise auf der Grundlage von wahrgenommener Abhängigkeit ihre gewonnene Macht ausgenutzt und ihre Mitarbeiter zu Überstunden gezwungen haben, sind im Clinch mit den Gewerkschaften geendet.

2. Sie haben ein gutes intuitives Verständnis für die verschiedenen Arten von Macht und Methoden der Beeinflussung. Sie spüren, welche Typen von Macht bei verschiedenen Menschen am leichtesten zu entwickeln sind. Sie erkennen beispielsweise, daß Akademiker tendenziell von offenkundiger Kompetenz stärker als von anderen Formen der Macht beeindruckt sind. Sie kennen die verschiedenen Methoden der Beeinflussung samt ihren jeweiligen Kosten und Risiken (vgl. Abbildung 5-1). Ihre Stärke ist, die besonderen Bedingungen jeder Situation zu erkennen und die für diese Situation am besten geeignete Methode der Einflußnahme auszuwählen.

3. Sie entwickeln bis zu einem gewissen Grad alle Typen von Macht und können alle in Abbildung 5-1 dargestellten Methoden einsetzen. Anders als Manager, die nicht sehr gut im Beeinflussen von Menschen sind, glauben erfolgreiche Manager nicht, daß nur bestimmte Methoden nützlich oder moralisch sind. Sie erkennen, daß jede Methode, unter den richtigen Umständen eingesetzt, bei geringen negativen Nebenwirkungen zur organisatorischen Verbesserung beitragen kann. Gleichzeitig vermeiden sie wenn möglich riskantere Methoden ebenso wie solche, die dysfunktionale Konsequenzen haben können. Beispielsweise manipulieren sie das Umfeld anderer nur, wenn es absolut unumgänglich ist.

4. Sie setzen sich Karriereziele und streben Managementpositionen an, die es ihnen erlauben, erfolgreich Macht zu erwerben und einzusetzen. Sie suchen beispielsweise Tätigkeiten, in denen sie ihren Hintergrund und ihre Fähigkeiten verwenden können, um ein kritisches Problem zu lösen oder eine besonders schwierige Umfeldsituation, mit der eine Organisation zu kämpfen hat, zu managen. Sie erkennen, daß Erfolg bei dieser Art von Job andere von

ihnen abhängig macht und ihre erkennbare Kompetenz vergrößert. Sie achten bei der Auswahl ihrer Aufgaben auch darauf, daß sie keine Macht anstreben, die von der Art und dem Umfang her ihre Fähigkeiten übersteigt.

5. Sie benutzen all ihre Ressourcen, formale Autorität und Macht, um weitere Macht zu erwerben. Um es mit einer Metapher von Edward Banfield auszudrücken: Sie suchen nach Möglichkeiten, ihre Macht so zu »investieren«, daß sie eine möglichst hohe Rendite erzielt.[6] So kann beispielsweise ein Manager ein Entwicklungsprojekt einen Tag früher als geplant beenden, indem er jemand anderen bittet, ihm zwei wichtige Gefallen zu tun. Dies kann ihn einen Großteil seiner auf Verpflichtung basierenden Macht über diesen Menschen kosten; dafür wächst aber seine für alle im Unternehmen erkennbare Kompetenz als Manager von Produktentwicklungsprojekten.
   Wie bei finanziellen Investitionen ist mit dieser Art von Umgang mit Macht immer auch ein Risiko verbunden; eine beträchtliche Investition kann auch überhaupt keinen Gewinn abwerfen, selbst wenn der Investor/Manager noch so mächtig ist. Gute Manager versuchen nicht, Risiken zu vermeiden; sie suchen das kalkulierte Risiko, ebenso wie sie es bei der Investition von Kapital machen.

6. Erfolgreiche Manager mäßigen ihr machtbewußtes Handeln durch Reife und Selbstkontrolle.[7] Sie verwenden selten oder nie ihre Macht, um impulsiv ihre eigene Bereicherung zu betreiben.

7. Schließlich erkennen erfolgreiche Manager, daß sie mit dieser Art von Vorgehen das Leben anderer Menschen zum Teil tiefgreifend beeinflussen. Sie halten dies für legitim; anders als weniger erfolgreiche Manager können sie gut damit leben, Macht zur Beeinflussung anderer Menschen einzusetzen. Sie wissen – oft rein intuitiv –, was dieser Beitrag rational analysiert: Ihr Streben, Macht zu erwerben und einzusetzen, ist ein absolut unabdingbarer Bestandteil der Rolle eines guten Managers.

Macht zu erwerben läßt sich nicht nach Regeln lernen; es muß aus dem Inneren kommen. Man kann jedoch ein Bewußtsein für Macht entwickeln, wenn man bestimmten Regeln folgt. Wir alle haben die Möglichkeit zur Machtentfaltung in uns, aber wenige von uns nutzen diese Möglichkeit oder sind sich ihrer auch nur bewußt.

In »primitiveren« Kulturen werden Jugendliche durch oft sehr komplizierte Machtrituale initiiert. Dabei müssen streng festgelegte Regeln genau befolgt werden: Es geht aber eigentlich darum, bei dem Einzuweihenden das Bewußtsein seiner selbst zu steigern; lediglich die Rituale durchzuführen genügt nicht. Wenn bei bestimmten nordamerikanischen Indianerstämmen sich junge Männer bis zu Hals in der Wüste eingraben, so verfolgen sie dabei das Ziel zu lernen, geduldig, konzentriert und bewegungslos zu verharren – egal wie unbequem ihre Lage sein mag. Dieser Vorgang hat nichts Mysteriöses. Ein Jäger, der zappelig ist oder sich kratzt, wenn er von einer Mücke gestochen wird, wird nicht viel Wild erlegen. Überleben erfordert die Fähigkeit, Körper und Geist zu kontrollieren.

Unsere Welt ist bei all ihrem Lärm und ihrer Komplexität gar nicht so viel anders, aber wir sind im Grunde schlechter dran als die Indianer: Wir sind ausgebildet, mit beträchtlichen Kosten und Mühen, aber kein weiser Lehrer bereitet uns auf die Welt vor, mit der wir als Erwachsene konfrontiert sein werden. Wenn wir Glück haben, lernen wir, eine Arbeit anständig auszuführen, aber für die meisten Menschen ist Selbstaufgabe der Preis des Überlebens. Es gibt in unserer Welt für fast jeden einen Platz, aber normalerweise nicht zu unseren eigenen Bedingungen, sondern zu denen anderer. Einige von uns lernen, wie man erfolgreich wird und kommen vielleicht sogar zu Reichtum und Ruhm. Wenige lernen, die Welt zu benutzen, statt von ihr benutzt zu werden.

*John J. Gabarro und John P. Kotter**

Managen Sie Ihren Chef!

Vielen wird der Slogan »Managen Sie Ihren Chef!« seltsam oder verdächtig vorkommen. Aufgrund des traditionell hierarchischen Aufbaus der meisten Organisationen ist nicht direkt zu erkennen, warum man Beziehungen »nach oben« managen sollte – außer man hätte persönliche oder politische Motive. Wir sprechen hier aber nicht über taktische Manöver oder Speichelleckerei; vielmehr untersuchen wir den Prozeß der bewußten Arbeit mit Vorgesetzten mit dem Ziel, für sich selbst, den Chef und das Unternehmen die besten Ergebnisse zu erlangen.

Jüngere Untersuchungen belegen, daß erfolgreiche Manager Zeit und Mühen investieren, um nicht nur die Beziehungen zu ihren Untergebenen, sondern auch das Verhältnis zu ihren Vorgesetzten zu managen. Diese Untersuchungen zeigen außerdem auch, daß dieser wesentliche Aspekt manchmal von ansonsten talentierten und aggressiven Managern ignoriert wird. Tatsächlich verhalten sich einige Manager, die aktiv und effektiv Untergebene, Produkte, Märkte und Technologien überwachen, gegenüber ihren Vorgesetzten fast völlig passiv. Und dieses Verhalten schadet so gut wie immer ihnen selbst und dem Unternehmen.

Wenn Sie an der Notwendigkeit zweifeln, die Beziehung zu Ihrem Vorgesetzten managen zu müssen, oder nicht glauben, wie schwierig diese Aufgabe sein kann, dann lassen Sie sich die folgende traurige, aber aufschlußreiche Geschichte durch den Kopf gehen:

> Frank Gibbons war ein in seiner Branche bekanntes Fertigungsgenie und eine in jeder Hinsicht erfolgreiche Führungskraft. 1973 trugen ihm seine Stärken den Job als Fertigungsleiter und Vizepräsident des zweitgrößten und profitabelsten Un-

* Dieser Beitrag wurde zusammen mit John J. Gabarro geschrieben, UPS Foundation Professor of Human Resource Management an der Harvard Business School. Erstveröffentlichung im *Harvard Business Review*, Mai-Juni 1993.

ternehmens in seiner Branche ein. Gibbons war jedoch kein guter Manager von Menschen. Er selbst wußte das, und die anderen in seinem Unternehmen und in seiner Branche auch. Da er diese Schwäche kannte, stellte der Präsident sicher, daß die Manager, die Gibbons berichteten, stark im Umgang mit Menschen waren und dessen Mängel kompensieren konnten. Dieses Arrangement funktionierte gut.
1975 wurde Philip Bonnevie auf eine Position direkt unter Gibbons befördert. Getreu seinem bewährten Vorgehen hatte der Präsident Bonnevie gewählt, weil er eine exzellente Erfolgsbilanz hatte und in dem Ruf stand, gut mit Menschen umgehen zu können. Bei seiner Entscheidung übersah der Präsident jedoch, daß Bonnevie bei seinem raschen Aufstieg durch die Organisation stets nur Vorgesetzte gehabt hatte, die gut oder sogar exzellent waren. Er war nie gezwungen gewesen, die Beziehung mit einem schwierigen Chef zu managen. Im Rückblick gibt Bonnevie zu, daß er nie geglaubt hätte, daß es Teil seines Jobs sei, auch den Vorgesetzten zu managen.
14 Monate, nachdem er seine Arbeit für Gibbons begonnen hatte, wurde Bonnevie entlassen. Während des laufenden Quartals machte das Unternehmen zum ersten Mal in sieben Jahren einen Nettoverlust. Selbst viele von denen, die die Ereignisse aus der Nähe miterlebten, konnten sich nicht erklären, was genau eigentlich geschehen war. So viel jedenfalls wurde bekannt: Während das Unternehmen im Begriff war, ein neues, sehr wichtiges Produkt herauszubringen – ein Prozeß, der einen komplexen Entscheidungsprozeß und eine sorgfältige Koordination von Gruppen aus Vertrieb, Entwicklung und Fertigung erforderte –, entwickelte sich eine ganze Serie von Mißverständnissen und atmosphärischen Störungen zwischen Gibbons und Bonnevie.
So behauptet zum Beispiel Bonnevie später, Gibbons habe seine Entscheidung gekannt und unterstützt, für das neue Produkt eine neuartige Fertigungseinrichtung einzusetzen. Gibbons schwört, er habe davon nichts gewußt. Weiterhin behauptet Gibbons, er habe Bonnevie klargemacht, daß die Einführung des Produkts für den kurzfristigen Unternehmenserfolg zu wichtig sei, um irgendwelche Risiken einzugehen.
Im Ergebnis solcher Mißverständnisse lief die Planung aus dem Ruder: Ein neues Fertigungssystem wurde installiert, aber damit ließ sich das Produkt weder so, wie es die Entwicklung konzipiert hatte, noch in den Mengen, die der Vertrieb verlangt hatte, noch zu den Kosten, die der Vorstand abgesegnet hatte, fertigen. Gibbons machte Bonnevie verantwortlich; Bonnevie gab Gibbons die Schuld.

Natürlich könnte man argumentieren, daß das Problem hier von Gibbons' Unfähigkeit, seine Mitarbeiter zu managen, herrührte. Man kann aber genauso gute Gründe dafür anführen, daß Bonnevie versagt hat. Schließlich hatte Gibbons mit keinem seiner anderen Untergebenen diese Probleme. Zudem lag für Bonnevie angesichts des Preises, den er zu zahlen hatte (neben dem Verlust seiner Arbeit auch eine schwere Schädigung seines Rufs in der Branche) kaum ein Trost darin, auf Gibbons' Unfähigkeit im Umgang mit seinen Mitarbeitern zu verweisen. Diese Schwäche war ja allgemein bekannt.

Wir glauben, daß die Situation sich hätte anders entwickeln können, wenn Bonnevie seinen Vorgesetzten besser verstanden und seine Beziehung zu ihm klüger gemanagt hätte. In diesem Fall kam ihm und der Firma das Unvermögen, eine Beziehung »nach oben« zu managen, ungewöhnlich teuer zu stehen. Das Unternehmen verlor 2 bis 5 Millionen Dollar, und Bonnevies Karriere war kompromittiert. Viele ähnlich gelagerte, wenn auch weniger dramatische Fälle kommen regelmäßig in allen größeren Unternehmen vor; deren kumulative Wirkung kann allerdings sehr destruktiv sein.

Mißdeutung der Beziehung zwischen Vorgesetzten und Untergebenen

Oft werden Vorfälle wie dieser lediglich der mangelnden »Chemie« zwischen Menschen zugeschrieben. Natürlich ist es richtig, daß zwei Personen aus psychologischen Gründen oder vom Temperament her nicht zusammenarbeiten können, aber nach unserer Erkenntnis ist die Frage der Persönlichkeit nur der kleinere Teil des Problems.

Bonnevie hatte nicht nur eine andere Persönlichkeit als Gibbons, er machte vor allem falsche Annahmen über die Natur der Beziehung zwischen Chef und Mitarbeiter. Insbesondere erkannte er nicht, daß er *und* Gibbons zwei *fehlbare* Menschen in *gegenseitiger Abhängigkeit* waren. Wenn es an dieser Erkenntnis mangelt, managt ein Manager die Beziehung zu seinem Chef entweder gar nicht oder zumindest schlecht.

Manche Menschen verhalten sich, als seien ihre Vorgesetzten nicht von ihnen abhängig. Sie sehen nicht, wie sehr ihr Chef bzw. ihre Chefin ihre Hilfe und Zusammenarbeit braucht, um seine oder ihre Arbeit gut machen zu können. Solche Leute realisieren nicht, daß sie mit ihrem Handeln ihrem Vorgesetzten ernsthaft schaden können

und daß er ihre Zusammenarbeit, Verläßlichkeit und Ehrlichkeit braucht.
Andere Menschen sehen sich selbst in einer allenfalls marginalen Abhängigkeit von ihren Vorgesetzten. Sie verdrängen die Tatsache, daß sie Hilfe und Informationen von ihrem Chef brauchen, um ihre Arbeit gut machen zu können. Diese oberflächliche Einstellung ist besonders bei einem Manager fatal, dessen Tätigkeit und Entscheidungen Auswirkungen auf andere Bereiche der Organisation haben – siehe den »Fall Bonnevie«. Der direkte Vorgesetzte eines Managers kann eine entscheidende Rolle dabei spielen, den Manager in die übrige Organisation einzubinden. Der Chef kann sicherstellen, daß die Prioritäten des Managers sich im Einklang mit den Erfordernissen der Organisation befinden, und gleichzeitig dem Manager die für seine Arbeit notwendigen Ressourcen verschaffen. Dennoch begreifen sich manche Manager als quasi autark und tun so, als bräuchten sie die kritische Unterrichtung und die Ressourcen ihres Chefs nicht.
Viele Manager nehmen wie Bonnevie an, ihr Chef verfügte über hellseherische Fähigkeiten, wüßte »wie von selbst«, welche Informationen und Hilfeleistungen seine Mitarbeiter brauchen, und lieferte sie ihnen gleichsam automatisch. Tatsächlich gibt es einige Vorgesetzte, die auf so außergewöhnliche Weise für ihre Mitarbeiter sorgen; sich aber fest darauf zu verlassen, daß alle Chefs so sind, ist auf höchst gefährliche Weise unrealistisch. Vernünftiger ist, wenn Manager davon ausgehen, daß ihnen nur wenig Hilfe zuteil wird. Chefs sind auch nur Menschen. Die meisten wirklich guten Manager akzeptieren diese Tatsache und übernehmen selbst die Verantwortung für ihre Karriere und ihre Entwicklung. Sie bemühen sich prinzipiell selbst um die Information und Hilfe, die sie für ihre Arbeit brauchen, und warten nicht darauf, von ihrem Chef gefüttert zu werden.
Angesichts dieser Tatsachen, scheint es uns, daß das Management gegenseitiger Abhängigkeiten zwischen fehlbaren Menschen folgendes Managerverhalten erfordert:

1. Ein Manager muß sowohl den anderen als auch sich selbst verstehen, vor allem, was Stärken und Schwächen, Arbeitsstil und Bedürfnisse betrifft.
2. Diese Kenntnis muß er benutzen, um eine gesunde Arbeitsbeziehung zu entwickeln und aufrechtzuerhalten, die mit den Arbeits-

stilen und Wesenszügen beider vereinbar ist. Diese von gegenseitigen Erwartungen geprägte Beziehung muß die wichtigsten Bedürfnisse beider Partner erfüllen.

Den Chef verstehen

Das Management eines oder einer Vorgesetzten setzt voraus, daß wir seinen bzw. ihren Kontext ebenso wie unsere eigene Situation kennen. Bis zu einem gewissen Grad erfüllen alle Manager diese Forderung, aber viele sind dabei nicht gründlich genug.

Zumindest müssen Sie die Ziele und Probleme, die Stärken und Schwächen Ihres Chefs kennen. Was sind die unternehmerischen und persönlichen Ziele Ihres Vorgesetzten, und welchem Druck ist er oder sie ausgesetzt – sowohl vom eigenen direkten Vorgesetzten als auch von Kollegen auf der gleichen Hierarchiestufe? Welchen Arbeitsstil hat der Chef? Bevorzugt er kurze, informelle Mitteilungen, Sitzungen oder Telefonate? Liebt er Auseinandersetzungen, oder vermeidet er sie?

Ohne solches Wissen versucht der Manager mit seinem Chef im Blindflug umzugehen; unnötige Konflikte, Mißverständnisse und Probleme sind vorprogrammiert.

In einer von uns untersuchten Situation wurde ein brillanter Marketingfachmann mit einer herausragenden Erfolgsbilanz von einem Unternehmen als Vizepräsident eingestellt, um »die Marketing- und Vertriebsprobleme zu lösen«. Die Firma, die finanzielle Schwierigkeiten hatte, war kürzlich von einem größeren Konzern übernommen worden. Der Präsident wollte einen schnellen *turnaround* und gab dem Vizepräsidenten freie Hand – zumindest am Anfang. Auf der Grundlage seiner Erfahrung stellte der neue Vizepräsident die Diagnose, daß die Firma mehr Marktanteile brauche und daß dazu ein gezieltes Produktmanagement erforderlich sei. Konsequenterweise verfolgte er in der Preisbildung eine Strategie, die das hochvolumige Geschäft vergrößern sollte.

Als jedoch die Margen sanken und sich die finanzielle Situation nicht verbesserte, erhöhte der Präsident den Druck auf seinen Marketingleiter. Dieser hielt dem Druck stand, weil er überzeugt war, daß zunehmende Marktanteile die Lage wieder ins Lot bringen würden.

Als auch im zweiten Quartal Margen und Profite unten blieben, übernahm der Präsident selbst die Kontrolle über alle Preisbildungsentscheidungen und setzte die Gewinnspanne für alle Produkte unabhängig vom Volumen fest. Der Vizepräsident konnte dieses Verhalten seines Präsidenten überhaupt nicht nachvollziehen und fühlte sich überrannt; die Beziehung verschlechterte sich. Leider verfehlte auch die Preisbildungspolitik des Präsidenten ihr Ziel, und im vierten Quartal wurden beide entlassen.

Was der neue Vizepräsident nicht gewußt hatte – bis es zu spät war: Die Verbesserung von Marketing und Verkauf war nur eines der Ziele des Präsidenten gewesen. Sein wichtigstes Ziel war, das Unternehmen schnell profitabler zu machen.

Was der Vizepräsident weiterhin nicht wußte, war, daß der Präsident nicht nur unternehmerische, sondern auch persönliche Gründe für seine kurzfristige Priorität hatte. Er war nämlich ein starker Befürworter der Übernahme gewesen, und seine persönliche Glaubwürdigkeit stand auf dem Spiel.

Der Vizepräsident machte drei grundlegende Fehler: Er hinterfragte die ihm vorliegenden Informationen nicht, er machte Annahmen auf Gebieten, wo ihm die Informationen fehlten, und – was am gefährlichsten war – er versuchte zu keinem Zeitpunkt, aktiv die Ziele seines Chefs zu ermitteln. Im Ergebnis unternahm er Schritte, die konträr zu den Prioritäten und Zielen seines Vorgesetzten liefen.

Manager, die mit ihren Chefs gut zusammenarbeiten, verhalten sich nicht so. Sie forschen deren Zielen, Problemen und Belastungen nach. Sie nutzen alle Gelegenheiten, um den Chef oder Leute aus seiner Umgebung zu befragen. Dadurch können sie immer wieder überprüfen, ob ihre eigenen Annahmen über ihn stimmen. Sie versuchen, alle Signale in seinem Verhalten zu beachten. Solche Aufmerksamkeit ist am Anfang eines Arbeitsverhältnisses unerläßlich; gute Manager behalten sie aber auch später bei, da sie wissen, daß Prioritäten und Interessen sich verändern.

Sensibilität für den Arbeitsstil des Chefs ist entscheidend, besonders, wenn der Chef neu im Amt ist. So folgte beispielsweise ein Präsident, der in seinem Arbeitsstil streng organisiert und formal war, einem Vorgänger, der informell und intuitiv arbeitete. Der neue Präsident arbeitete am besten, wenn er schriftliche Berichte bekam. Er bevorzugte Besprechungen mit schriftlich fixierter Tagesordnung.

Einer seiner Divisionmanager erkannte diesen Bedarf und legte gemeinsam mit dem neuen Präsidenten fest, wie oft welche Arten von Informationen und Berichten erstellt werden sollten. Dieser Manager ließ dem neuen Präsidenten auch vor Besprechungen Hintergrundinformationen und kurze Tagesordnungen zukommen. Er stellte fest, daß ihre Treffen bei dieser Art von Vorbereitung sehr nützlich waren. Im übrigen zeigte sich interessanterweise, daß der neue Chef mit entsprechender Vorbereitung sogar auch beim Lösen komplexer Probleme kreativer als sein eher informeller und intuitiver Vorgänger war.

Im Gegensatz dazu verstand ein anderer Divisionmanager niemals völlig, inwiefern der Arbeitsstil seines neuen Chefs sich von demjenigen des Vorgängers unterschied. Was ihn betraf, so fühlte er sich nur gegängelt. Er gab dem neuen Präsidenten selten die benötigten Hintergrundinformationen, und dieser fühlte sich nie so richtig auf die Besprechungen vorbereitet. In den Meetings verwandte der Präsident sehr viel Zeit darauf, all die Fakten zu erfragen, die er lieber schon vor dem Treffen bekommen hätte. Der Chef empfand diese Treffen als frustrierend und ineffizient, der Untergebene war von seinen Fragen genervt. Schließlich kündigte der Divisionmanager.

Der Unterschied zwischen den beiden Managern betraf weniger ihre Fähigkeiten oder auch nur ihre Anpassungsfähigkeit; es war eher so, daß der eine sensibler für den Arbeitsstil und damit die Bedürfnisse seines Vorgesetzten war.

Sich selbst verstehen

Der Chef ist nur die eine Hälfte der Beziehung. Sie sind die andere Hälfte, Sie und der Bereich der Organisation, über den Sie direkte Kontrolle haben. Eine erfolgreiche Arbeitsbeziehung können Sie nur entwickeln, wenn Sie Ihren persönlichen Stil, Ihre Bedürfnisse, Stärken und Schwächen kennen.

Sie werden weder Ihre Persönlichkeitsstruktur noch die Ihres Chefs ändern, aber Sie können sich darüber bewußt werden, welche Ihrer Eigenschaften Sie in Ihrer Arbeit mit dem Chef behindern oder fördern, und mit dieser Erkenntnis aktiv an der Verbesserung der Beziehung arbeiten.

Beispielsweise beobachteten wir einen Fall, wo ein Manager und

sein Vorgesetzter jedesmal Probleme bekamen, wenn sie verschiedener Meinung waren. Die typische Reaktion des Chefs war, seine Position noch härter zu vertreten und zu überziehen. Der Manager pflegte dann in diesem Spiel seinerseits härter zu werden und noch schärfer zu argumentieren. Dabei konzentrierte er seine Attacken auf die logischen Irrtümer, die er in der Argumentation seines Chefs zu entdecken glaubte. Wie zu erwarten, führte dieses Eskalationsmuster dazu, daß der Untergebene jedes Thema vermied, das zu Divergenzen zwischen ihm und dem Chef führen konnte.
Als er dieses Problem mit seinen gleichrangigen Kollegen diskutierte, entdeckte der Manager, daß seine Reaktion auf den Chef typisch für ihn war: So reagierte er anscheinend immer auf Gegenargumente. Der Unterschied bestand jedoch darin, daß er seine Freunde und Kollegen überwältigen konnte, seinen Chef aber nicht. Weil seine Versuche, das Problem mit seinem Chef zu diskutieren, erfolglos blieben, kam der Manager zu dem Schluß, daß die einzige Lösung des Problems darin bestand, bei seinen eigenen instinktiven Reaktionen anzusetzen. Wann immer die beiden in Clinch gerieten, gebot er seiner Ungeduld Einhalt und schlug vor, daß sie sich vertagen und das Problem noch einmal überdenken sollten. Wenn sie die Diskussion wieder aufnahmen, hatte der Konflikt an Schärfe verloren, und sie waren eher in der Lage, ihre unterschiedlichen Positionen zu vermitteln.
Diese Art von Selbsterkenntnis zu gewinnen und das eigene Handeln danach auszurichten, ist schwer, aber nicht unmöglich. Beispielsweise erkannte ein junger Manager bei der Aufarbeitung seiner vergangenen Erfahrungen, daß er mit menschlich schwierigen, emotionalen Situationen nicht gut umgehen konnte. Weil er diese Probleme nicht mochte und wußte, daß seine instinktiven Reaktionen auf sie selten gut waren, schloß er sich in solchen Fällen immer mit seinem Chef kurz. Ihre Diskussion förderte stets Ideen und Ansätze zutage, die dem Manager nicht eingefallen waren. In vielen Fällen ergaben sich auch konkrete Möglichkeiten für den Chef, ihm zu helfen.
Die Beziehung zwischen Vorgesetztem und Untergebenem ist zwar von gegenseitiger Abhängigkeit gekennzeichnet, aber natürlich ist in der Regel der Mitarbeiter stärker vom Chef abhängig als umgekehrt. Diese Abhängigkeit erzeugt beim Untergebenen unweigerlich Frustrationsgefühle und Ärger, wenn der Chef dessen Handlungen

oder Optionen durch seine Entscheidungen einschränkt. Das gehört zum Leben und passiert in den besten Beziehungen. Wie eine Führungskraft mit solchen Frustrationen umgeht, hängt zu einem großen Teil von seiner oder ihrer psychischen Disposition im Umgang mit Autoritätspersonen ab.

Manche Menschen reagieren in solchen Situationen instinktiv mit Ablehnung der Autorität und Rebellion gegen die Entscheidungen des Chefs. Damit eskaliert ein Konflikt zuweilen weit über das richtige Maß hinaus. Da dieser Typ Manager den Chef nachgerade als institutionalisierten Feind empfindet, tendiert er dazu, sich nur um des Kämpfens willen mit seinem Vorgesetzten anzulegen. Wenn Zwang auf einen Untergebenen ausgeübt wird, reagiert dieser normalerweise stark, manchmal impulsiv. Der Vorgesetzte wird als jemand gesehen, der Kraft seiner Rolle den Fortschritt blockiert, als ein Hindernis, das man umgehen oder schlimmstenfalls als unüberwindbar hinnehmen muß.

Psychologen nennen dieses Reaktionsmuster »Gegenabhängigkeit«. Obwohl eine gegenabhängige Person für die meisten Vorgesetzten schwer zu führen ist und bereits eine Geschichte gestörter Beziehungen zu Autoritätspersonen hat, drohen dieser Art von Manager noch mehr Schwierigkeiten, wenn sie es mit einem stark führenden oder autoritären Chef zu tun bekommt. Wenn der Manager seine negativen Gefühle ausdrückt – oft auf subtile, nonverbale Weise –, wird der Chef manchmal wirklich zum Feind. Da er die latente Feindlichkeit des Untergebenen spürt, verliert der Vorgesetzte das Vertrauen in ihn und verhält sich nicht mehr offen.

Paradoxerweise ist ein Manager mit dieser Disposition oft eine gute Führungskraft im Umgang mit seinen oder ihren Untergebenen. Solche Manager können sich für ihre eigenen Untergebenen sehr engagiert einsetzen und für sie in die Bresche springen.

Am anderen Ende des Spektrums stehen Manager, die ihren Ärger in sich hineinfressen und ein unterwürfiges Verhalten an den Tag legen, auch wenn sie wissen, daß ihr Chef eine schlechte Entscheidung getroffen hat. Diese Manager stimmen dem Vorgesetzten zu, auch wenn ein divergentes Argument durchaus willkommen wäre und der Chef seine Meinung aufgrund zusätzlicher Informationen leicht ändern würde. Da sie nicht die richtige Haltung zu der konkreten Situation einnehmen, ist ihre Reaktion genauso übertrieben wie die der gegenabhängigen Manager. Statt den Chef als Feind zu sehen, verleugnen solche Menschen ihren Ärger – das andere Extrem! – und tendieren dazu, den Chef in die Rolle einer unfehlbaren Elternfigur zu drängen: Der oder die Vorgesetzte weiß, was für sie am besten ist, soll Verantwortung für ihr Fortkommen übernehmen, sie alles lehren, was sie wissen müssen und sie vor zu ehrgeizigen Kollegen schützen.

Sowohl Gegenabhängigkeit als auch Überabhängigkeit resultieren in einem unrealistischen Bild des Vorgesetzten. Beide Sichtweisen ignorieren, daß die meisten Chefs, wie jeder Mensch, unvollkommen und fehlbar sind. Sie verfügen nicht über unbegrenzte Zeit, enzyklopädisches Wissen oder außersinnliche Wahrnehmungsfähigkeiten; sie sind auch nicht der Erzfeind schlechthin. Sie haben ihre eigenen Abhängigkeiten und Sorgen, die manchmal konträr zu den Wünschen ihrer Mitarbeiter stehen – und oft mit gutem Grund.

Es ist fast unmöglich, Einstellungen zur Autorität, vor allem in extremen Ausprägungen, ohne intensive Psychotherapie zu ändern (die psychoanalytische Theorie und Forschung behauptet, daß solche Dispositionen tief in den ersten Erfahrungen und in der Erziehung eines Menschen verwurzelt sind). Das bloße Bewußtsein der extremen Bandbreite möglicher Einstellungen zur Autorität kann jedoch für ein Verständnis der eigenen Persönlichkeit und der möglichen Reaktionsweisen im Verhältnis zu seinen Vorgesetzten sehr hilfreich sein.

Wenn man sich für einen Menschen hält, der Tendenzen zur Gegenabhängigkeit aufweist, kann man die eigenen Reaktionen und Überreaktionen verstehen und sogar voraussagen. Wenn man andererseits in sich die Neigung zur Überabhängigkeit entdeckt, kann man sich fragen, in welchem Maße die Konfliktgehemmtheit und Unfähigkeit, sich wirklichen Auseinandersetzungen zu stellen, sowohl die eigene als auch die Leistung des Vorgesetzten reduzieren.

Aufbau und Management der Beziehung

Mit einem klaren Verständnis des Vorgesetzten und der eigenen Persönlichkeit kann man in der Regel ein Arbeitsverhältnis schaffen, das beiden Partnern paßt, in dem die gegenseitigen Erwartungen klar sind und das beiden hilft, produktiver und erfolgreicher zu sein.

Stellen Sie sicher, daß Sie Ihren Chef / Ihre Chefin und seinen / ihren Kontext verstehen; im einzelnen:

- ❑ Ziele
- ❑ Zwänge
- ❑ Stärken und Schwächen
- ❑ bevorzugter Arbeitsstil

Schätzen Sie sich selbst und Ihre Bedürfnisse ein; im einzelnen:

- ❑ Stärken und Schwächen
- ❑ Persönlicher Stil
- ❑ Disposition im Umgang mit Autoritätspersonen

Schaffen und erhalten Sie eine Beziehung, die

- ❑ den Bedürfnissen und Stilen beider Partner entspricht
- ❑ von gegenseitigen Erwartungen gekennzeichnet ist
- ❑ ihren Chef stets »auf dem laufenden« hält
- ❑ von Zuverlässigkeit und Ehrlichkeit gekennzeichnet ist
- ❑ Zeit und Ressourcen ihres Chefs optimal nutzt.

Abb. 6-1: Checkliste zum Management des Vorgesetzten

Abbildung 6-1 listet einige der Faktoren einer solchen Beziehung auf. Im folgenden werden einige weitere erläutert.

Kompatible Arbeitsstile

Eine gute Arbeitsbeziehung mit einem Vorgesetzten berücksichtigt vor allem die verschiedenen Arbeitsstile. So untersuchten wir eine Situation, wo der Manager (der zu seinem Vorgesetzten eine relativ gute Beziehung hatte) feststellte, daß sein Chef bei Besprechungen oft unaufmerksam und zuweilen schroff wurde. Der Stil des Untergebenen war tendenziell ausführlich und gründlich. Er pflegte, häufig vom direkten Thema abzuschweifen und Hintergrundinformationen, Alternativen etc. darzulegen.
Sein Chef dagegen bevorzugte es, Probleme so konzis wie möglich zu behandeln; er wurde ungeduldig und unkonzentriert, sobald sein Mitarbeiter weit ausholte.
Der Untergebene erkannte den Unterschied im Stil und kam in den Besprechungen mit seinem Chef schneller zur Sache. Er machte sich

vor den Meetings einen kurzen Plan; wenn er eine Abschweifung für nötig hielt, begründete er das. Diese kleine Verschiebung in seinem eigenen Stil machte die Besprechungen für beide viel effektiver und befriedigender.

Mitarbeiter können ihren Stil auch an die von ihrem Chef bevorzugte Methode der Informationsaufnahme anpassen. Peter Drucker unterteilt Vorgesetzte in »Hörer« und »Leser«. Einige Manager wollen Informationen in Form eines Berichts, um sie lesen und studieren zu können. Andere arbeiten besser, wenn ihnen die Information mündlich gegeben wird und sie direkt nachfragen können. Die klare Konsequenz laut Drucker: Ist Ihr Chef ein Zuhörer, so informieren Sie ihn persönlich und liefern danach ein Memo. Ist Ihr Chef ein Leser, so geben Sie ihm wichtige Themen und Vorschläge in schriftlicher Form und diskutieren diese später mit ihm.

Andere Anpassungen können sich danach richten, wie der oder die Vorgesetzte Entscheidungen trifft. Einige Chefs wünschen bei Problemen und Entscheidungen früh und intensiv beteiligt zu werden. Dieser Typ des *high-involvement managers* möchte sozusagen während der gesamten Operation die Hand am Puls des Patienten haben. Seine Bedürfnisse (und damit auch Ihre) werden am besten befriedigt, wenn Sie sich spontan und nach Bedarf kurzschließen. Ein Chef, der sich einmischen will, tut dies so oder so, also ist es besser, ihn auf Ihre eigene Initiative hin zu beteiligen. Andere Chefs bevorzugen es zu delegieren; sie wollen nicht stark involviert, sondern nur mit den wesentlichen Problemen behelligt und über wichtige Veränderungen informiert werden.

Zu einer guten Beziehung gehört es auch, die Stärken beider Beteiligten optimal zu nutzen und die Schwächen des anderen möglichst zu kompensieren. Ein Beispiel: Weil er wußte, daß sein Vorgesetzter, der Entwicklungsleiter, nicht besonders gut im Überwachen seiner Mitarbeiter war, übernahm ein Manager diese Aufgabe selbst. Der Einsatz war hoch: Sämtliche Ingenieure und Techniker waren Gewerkschaftsmitglieder, und das Unternehmen hatte vor kurzem einen schweren Streik durchzukämpfen.

Der Manager arbeitete eng mit seinem Chef, dem Planungsbüro und der Personalabteilung zusammen, um möglichst alle potentiellen Probleme zu vermeiden. Er entwickelte einen informellen Informationsaustausch mit seinem Chef, so daß der Vorgesetzte von allen Personalangelegenheiten vor einer Entscheidung informiert wurde.

Der Chef schätzte den Rat dieses Managers sehr und lobte dessen wesentliche Rolle sowohl bei der Leistungssteigerung der Division als auch bei der Verbesserung des Arbeitsklimas.

Gegenseitige Erwartungen

Ein Mitarbeiter, der passiv und stillschweigend zu wissen glaubt, was sein Chef erwartet, spielt mit dem Feuer. Natürlich äußern einige Führungskräfte ihre Erwartungen sehr klar und deutlich, aber *die meisten tun dies nicht*. Zwar gibt es in vielen Unternehmen Mechanismen, die eine klare Kommunikation gewährleisten sollen (z. B. formale Planungsprozesse, Karrieregespräche, Leistungsbewertungen), aber diese Systeme funktionieren niemals perfekt. Zudem werden sich die Erwartungen zwischen diesen Terminen unweigerlich ändern.

Letztlich ist es die Pflicht des Untergebenen herauszufinden, was sein Chef erwartet. Diese Erwartungen können sowohl sehr genereller Natur sein (über welche Arten von Problemen der Chef wann und in welcher Form informiert sein möchte) als auch ganz spezifische Form haben (wann ein bestimmtes Projekt abgeschlossen sein soll und wie der Chef über den Projektfortschritt zu informieren ist). Es kann schwierig sein, einen Vorgesetzten zu klaren Aussagen zu veranlassen, der von Natur aus vage und indirekt ist. Aber erfolgreiche Manager finden Wege zu dieser Information. So entwerfen sie beispielsweise eine detaillierte Aktennotiz mit Schlüsselaspekten ihrer Arbeit und legen diese ihrem Chef vor. Dem lassen sie dann ein persönliches Gespräch folgen, in dem sie die Liste Punkt für Punkt durchgehen. Ein solches Vorgehen wird fast alle Erwartungen des Vorgesetzten zutage fördern.

Andere erfolgreiche Manager werden mit einem wenig aussagefreudigen Chef von Zeit zu Zeit informelle Gespräche über »gutes Management« und »unsere Ziele« vom Zaun brechen. Wiederum andere finden es besser, die notwendigen Informationen indirekt von früheren Mitarbeitern ihres Chefs zu beziehen oder die formalen Planungssysteme zu konsultieren, in denen sich ihr Chef offiziell gegenüber seinen Vorgesetzten äußert. Die Wahl des Vorgehens hängt natürlich von der Einschätzung des Stils des eigenen Vorgesetzten ab.

Die Entwicklung eines tragfähigen Kontingents gegenseitiger Erwartungen erfordert, daß Sie auch Ihre eigenen Erwartungen dem Vorgesetzten gegenüber äußern. Es gilt herauszufinden, ob diese Erwartungen realistisch sind, und den Chef dazu zu bringen, die wichtigsten Punkte zu akzeptieren. Den Vorgesetzten so zu beeinflussen, daß er die eigenen Erwartungen akzeptiert, kann besonders wichtig sein, wenn der Chef ein *overachiever* ist. Solche Menschen haben oft unrealistisch hohe Erwartungen und müssen auf den Boden der Tatsachen zurückgeholt werden.

Informationsfluß

Wie stark der Untergebene den Vorgesetzten informieren muß, hängt von dessen Stil, seiner gegenwärtigen Situation und seinem Vertrauen in den Mitarbeiter ab. Es kommt jedoch häufig vor, daß der Chef mehr Informationen braucht, als der Untergebene von sich aus liefert, oder daß der oder die Vorgesetzte längst nicht so viel weiß, wie der Untergebene glaubt. Erfolgreiche Manager erkennen, daß sie wahrscheinlich das Informationsbedürfnis ihres Vorgesetzten unterschätzen, und stellen sicher, daß sie die benötigten Informationen in einer Form liefern, die dem Stil des Chefs angepaßt ist. Das Management des Informationsflusses »nach oben« ist besonders schwierig, wenn der Chef »mit Problemen verschont« werden möchte. Obwohl viele dem widersprechen würden, senden Vorgesetzte recht häufig Signale aus, daß sie nur gute Nachrichten hören wollen. Sie zeigen großes Mißfallen – gewöhnlich nonverbal –, wenn jemand ihnen von einem Problem berichtet. Unabhängig von der tatsächlichen Leistung des einzelnen können sie sogar diejenigen Mitarbeiter positiver einschätzen, die keine Probleme an sie herantragen.
Dennoch muß zum Wohle der Organisation, des Chefs und des Untergebenen der Vorgesetzte von Fehlschlägen genauso wie von Erfolgen unterrichtet werden. Manche Untergebenen lassen Vorgesetzten, die nur gute Nachrichten hören wollen, die schlechten auf indirektem Weg, etwa durch ein Managementinformationssystem, zukommen. Andere sorgen dafür, daß alle wichtigen Informationen, seien es angenehme Überraschungen oder Hiobsbotschaften, direkt an den Mann oder die Frau gebracht werden.

Zuverlässigkeit und Ehrlichkeit

Wenige Dinge sind schlimmer für einen Chef als Mitarbeiter, auf die er sich nicht verlassen und deren Arbeit er nicht trauen kann. Fast niemand ist absichtlich unzuverlässig, viele jedoch unabsichtlich – aus Nachlässigkeit oder aus Ungewißheit über die Prioritäten ihres Chefs. Sich zu einem äußerst optimistischen Liefertermin zu verpflichten kann kurzfristig den Vorgesetzten erfreuen, aber zu einer Quelle großen Mißfallens werden, wenn der Termin nicht einzuhalten ist. Ein Chef kann sich schwer auf einen Mitarbeiter verlassen, der wiederholt Termine überschreitet. Ein Präsident sagte folgendes über einen Mitarbeiter: »Mir wäre lieber, er wäre konsistenter, selbst wenn er ein paar Spitzenleistungen weniger liefern würde – wenigsten könnte ich mich fest auf ihn verlassen.«

Bewußt unehrlich sind nur die wenigsten Manager gegenüber ihren Vorgesetzten. Aber es ist leicht, die Wahrheit etwas zu beschönigen und unangenehme Fakten herunterzuspielen. Gegenwärtige Bedenken werden oft zukünftige »Überraschungsprobleme«. Es ist fast unmöglich für Chefs, erfolgreich zu arbeiten, wenn sie sich nicht auf ziemlich genaue Informationen ihrer Mitarbeiter verlassen können. Da sie die Glaubwürdigkeit unterminiert, ist Unehrlichkeit wohl der negativste Charakterzug, den ein Mitarbeiter haben kann. Ohne ein grundlegendes Vertrauensverhältnis fühlt der Chef sich gezwungen, alle Entscheidungen seines Untergebenen zu überprüfen, was es schwer macht, irgend etwas zu delegieren.

Guter Einsatz von Zeit und Ressourcen

Zeit, Energie und Einfluß Ihres oder Ihrer Vorgesetzten sind wahrscheinlich ebenso knapp wie Ihre eigenen Ressourcen. Jede Bitte, die Sie an Ihren Chef richten, kostet ihn oder Sie einige dieser Mittel. Die Forderung, mit den begrenzten Ressourcen von Vorgesetzten sparsam und klug umzugehen, klingt selbstverständlich; tatsächlich aber verschwenden viele Manager die Zeit ihres Chefs (und einen Teil ihrer eigenen Glaubwürdigkeit) mit relativ trivialen Dingen.

Ein Vizepräsident ließ es sich besonders angelegen sein, seinen Chef dazu zu bewegen, eine störende Sekretärin in einer anderen Abteilung zu entlassen. Dieser mußte hierzu einen beträchtlichen Einfluß ausüben. Verständlicherweise war der Leiter der anderen Abteilung nicht sehr erfreut. Später, als der Vizepräsident wichtigere Probleme angehen wollte, geriet er in Schwierigkeiten. Indem er mit Kanonen nach Spatzen geschossen hatte, machte er es sich und seinem Chef schwer, wichtigere Ziele zu erreichen.

Zweifellos werden einige Manager nur zähneknirschend bereit sein, neben all ihren anderen Pflichten auch noch Zeit und Energie zu investieren, um die Beziehung zu ihrem Chef zu managen. Sie verkennen, daß diese Art von Management äußerst wichtig ist, weil sich damit potentiell gravierende Probleme eliminieren lassen. Erfolgreiche Manager erkennen an, daß es sich hier um einen zentralen Teil ihrer Arbeit handelt. Sie wissen, daß sie letztlich selbst dafür verantwortlich sind, was sie in einer Organisation erreichen, und sie wissen, daß sie die Beziehungen mit allen, von denen sie abhängig sind, managen müssen – und das schließt ihren Chef ein.

Was erfolgreiche Topmanager wirklich tun*

Hier zunächst die Beschreibung eines normalen Arbeitstags eines erfolgreichen Spitzenmanagers; es handelt sich um Michael Richardson, den Präsidenten einer Investitions-Managementgesellschaft:

Vormittags

7.35 Uhr: Richardson kommt nach einem kurzen Weg zur Arbeit in seinem Büro an, holt sich Kaffee und beginnt eine Liste zu erledigender Dinge für den Tag.

7.40 Uhr: Jerry Bradshaw, ein Untergebener, trifft ein. Sein Büro liegt gleich neben dem Richardsons. Bradshaw ist im Unternehmen u. a. Richardsons Assistent.

7.45 Uhr: Bradshaw und Richardson unterhalten sich über verschiedene Dinge. Richardson zeigt Bradshaw ein paar Urlaubsfotos.

8.00 Uhr: Bradshaw und Richardson sprechen über den Tagesplan. Dabei streifen sie etwa ein Dutzend Themen – es geht vor allem um Kunden und Mitarbeiter.

8.20 Uhr: Frank Wilson, ein anderer Mitarbeiter, schaut rein. Er stellt einige Fragen wegen eines Personalproblems und beteiligt sich dann an der laufenden Diskussion. Das Gespräch ist offen, schnell, teilweise humorvoll und sprunghaft.

8.30 Uhr: Fred Holly, Vorstandsvorsitzender des Unternehmens und Richardsons »Boss«, kommt vorbei und beteiligt sich an dem Gespräch. Er fragt nach einem für 11.00 Uhr anberaumten Termin und spricht noch einige weitere Dinge an.

8.40 Uhr: Richardson geht neuen Kaffee holen. Bradshaw, Holly und Wilson setzen ihre Unterhaltung fort.

*Erstveröffentlichung im *Harvard Business Review*, November-Dezember 1982.

8.42 Uhr: Richardson kommt zurück. Der Untergebene eines Untergebenen kommt vorbei und wünscht einen guten Tag.

8.43 Uhr: Bradshaw händigt Richardson einen Bericht aus, gibt ihm dazu einige Kommentare und geht.

8.45 Uhr: Joan Swanson, Richardsons Sekretärin, kommt. Sie sprechen über ihre neue Wohnung und über die Vorbereitung einer Besprechung am späteren Vormittag.

8.49 Uhr: Richardson bekommt einen Anruf eines Untergebenen, den er am Vortag um Rückruf gebeten hatte. Sie sprechen vor allem über das Thema, das auch Gegenstand des Berichts ist, den Richardson gerade von Bradshaw erhalten hat.

8.55 Uhr: Er verläßt sein Büro und geht zu einer regelmäßigen Morgenbesprechung, die einer seiner Untergebenen leitet. In der Sitzung sind etwa 30 Leute anwesend. Richardson liest.

9.09 Uhr: Die Sitzung ist zu Ende. Richardson spricht einen der Teilnehmer an und unterhält sich kurz mit ihm.

9.15 Uhr: Er geht in das Büro eines seiner Untergebenen, der Jurist des Unternehmens ist. Sein Chef Holly ist auch dort. Sie diskutieren über einen Anruf, den der Anwalt gerade bekommen hat. Im Stehen erwägen sie verschiedene Reaktionsmöglichkeiten auf das Problem. Die Unterhaltung ist wieder informell und teilweise humorvoll im Ton.

9.30 Uhr: Richardson geht zurück in sein Büro, wo er einen Termin mit dem stellvertretenden Vorstandsvorsitzenden eines anderen Unternehmens hat (ein potentieller Kunde und Zulieferer). Eine andere Person, ein Kontaktmann zu diesem Unternehmen und Untergebener eines Untergebenen, nimmt ebenfalls an dem Gespräch teil. Das Gespräch ist herzlich. Es deckt ein breites Spektrum ab – von ihren Produkten bis zur Außenpolitik der USA.

9.50 Uhr: Der Besucher und der Untergebene des Untergebenen gehen. Richardson öffnet die Tür zu Bradshaws benachbartem Büro und stellt eine Frage.

9.52 Uhr: Richardsons Sekretärin kommt mit fünf Geschäftsvorgängen.

9.55 Uhr: Bradshaw kommt herein, stellt eine Frage über einen Kunden und geht wieder.

9.58 Uhr: Frank Wilson und einer seiner Leute kommen. Er gibt Richardson ein Memo, und die drei unterhalten sich über ein schwerwiegendes juristisches Problem. Wilson äußert Bedenken gegen eine vorläufige Entscheidung Richardsons und bittet ihn, diese noch einmal zu überdenken. Die Diskussion geht für 20 Minuten hin und her, bis sie sich auf den nächsten Schritt einigen und sich auf 9.00 Uhr des nächsten Morgen vertagen.

10.35 Uhr: Sie gehen. Richardson sieht einige Papiere auf seinem Schreibtisch durch, nimmt eins auf und ruft Hollys Sekretärin an. Er bittet sie, einige Korrekturen am Protokoll der letzten Vorstandssitzung vorzunehmen.

10.41 Uhr: Seine Sekretärin kommt mit einer Karte für einen kranken Freund. Er schreibt Genesungswünsche dazu.

10.50 Uhr: Er bekommt einen kurzen Anruf, dann arbeitet er weiter an den Papieren auf seinem Schreibtisch.

11.03 Uhr: Sein Chef schaut vorbei. Bevor sie ein Gespräch beginnen können, erhält Richardson einen Anruf. Nach dem Anruf sagt er seiner Sekretärin, daß jemand einen Brief nicht bekommen habe, sie möge ihn bitte noch einmal schicken.

11.05 Uhr: Holly bringt verschiedene Themen auf. Bradshaw kommt herein, und die drei beginnen über Jerry Phillips zu sprechen, der ein gravierendes Problem geworden ist. Bradshaw leitet das Gespräch, er berichtet den anderen, was er in dieser Angelegenheit in den letzten Tagen getan hat. Richardson und Holly stellen Fragen. Nach einer Weile beginnt Richardson sich Notizen zu machen. Der Austausch ist wie gehabt rasch und geradeheraus. Sie versuchen das Problem zu definieren und skizzieren alternative nächste Schritte. Richardson läßt die Diskussion hin und her fließen; schließlich einigen sie sich auf einen nächsten Schritt.

Nachmittags

12.00 Uhr: Richardson bestellt für sich und Bradshaw Lunch. Bradshaw kommt und spricht ein Dutzend Themen an. Wilson kommt vorbei und berichtet, daß er bereits weitere Schritte im Anschluß an ihr Gespräch von heute morgen unternommen hat.

12.10.Uhr: Eine Mitarbeiterin kommt mit einer Berechnung vorbei, um die Richardson sie gebeten hatte. Er dankt ihr und führt ein kurzes, freundliches Gespräch mit ihr.

12.20 Uhr: Das Essen kommt. Richardson und Bradshaw gehen in den Konferenzraum, um zu essen. Während des Essens sprechen sie über geschäftliche und private Themen und erzählen sich Witze. Am Ende des Essens sprechen sie über einen bedeutenden potentiellen Kunden.

13.15 Uhr: Zurück in Richardsons Büro, setzen sie die Diskussion über den Kunden fort. Bradshaw nimmt sich einen Block, und sie skizzieren detailliert eine Präsentation für diesen Kunden. Dann geht Bradshaw.

13.40 Uhr: Richardson arbeitet an seinem Schreibtisch; er blättert eine neue Marketingbroschüre durch.

13.50 Uhr: Bradshaw kommt wieder herein; er und Richardson besprechen ein weiteres Dutzend Einzelheiten der Präsentation für den potentiellen Kunden. Bradshaw geht.

13.55 Uhr: Jerry Thomas kommt herein. Er ist ein Untergebener von Richardson und hat für den Nachmittag einige Leistungsbewertungen anberaumt, die er und Richardson in dessen Büro abhalten werden. Sie besprechen kurz die einzelnen Fälle.

14.00 Uhr: Fred Jacobs (ein Untergebener von Thomas) kommt. Thomas leitet die Sitzung. Er erläutert Jacobs' Bonus für das Jahr und die Gründe dafür. Dann diskutieren die drei Jacobs' mögliche Rolle im nächsten Jahr. Sie stimmen im allgemeinen überein; Jacobs geht.

14.30 Uhr: Jane Kimble kommt. Das Gespräch verläuft im Prinzip wie das vorige. Richardson stellt viele Fragen und lobt Kimble an einigen Stellen. Das Treffen endet in einer Atmosphäre freundlicher Übereinstimmung.

15.00 Uhr: George Houston kommt – die letzte Leistungsbewertung für heute.

15.30 Uhr: Nachdem Houston gegangen ist, rekapitulieren Richardson und Thomas kurz den Verlauf der Gespräche. Dann diskutieren sie noch über einige andere Mitarbeiter von Thomas. Thomas geht.

15.45 Uhr: Richardson bekommt einen kurzen Telefonanruf. Seine Sekretärin und Bradshaw kommen mit verschiedenen Punkten.

15.50 Uhr: Richardson erhält einen Anruf von Jerry Phillips. Er greift zu seinen Notizen aus dem 11.00-Uhr-Meeting über Phillips am Vormittag. Sie sprechen ausführlich über verlorene Geschäfte, unzufriedene Mitarbeiter, wer wem was angetan hat und wie es weitergehen könnte. Am Ende des Gesprächs stimmt Phillips Richardson zu und dankt ihm.

16.55 Uhr: Bradshaw, Wilson und Holly betreten das Büro. Jeder knüpft an verschiedene Themen an, die früher am Tag besprochen wurden. Richardson informiert sie kurz über sein Gespräch mit Phillips. Bradshaw und Holly gehen.

17.10 Uhr: Richardson und Wilson führen eine lockere Unterhaltung über drei, vier Themen.

17.20 Uhr: Jerry Thomas kommt herein. Er schildert ein neues Personalproblem, und die drei diskutieren es. Die Unterhaltung wird rasch informell und lustig. Sie einigen sich auf ein Vorgehen in der Personalangelegenheit.

17.30 Uhr: Richardson beginnt seine Aktentasche zu packen. Fünf Leute schauen allein oder zu zweit vorbei.

17.45 Uhr: Er verläßt das Büro.

Auf mindestens ein Dutzend Arten ist Richardsons Tag typisch für einen Spitzenmanager. Das von uns untersuchte Verhalten erfolgreicher Topmanager (vgl. den Abschnitt »Grundlage der Studie« am Ende dieses Kapitels) entspricht im allgemeinen folgenden Mustern:

1. Sie verbringen die meiste Zeit mit anderen. Der durchschnittliche Topmanager (TM) arbeitet nur 25 Prozent seiner Zeit alleine, und das zumeist zu Hause, auf Flügen oder im Zug. Die meisten verbringen ca. 70 Prozent ihrer Zeit mit anderen zusammen, einige aber auch über 90 Prozent.
2. Zu den Menschen, die sie während ihres Arbeitstages treffen, gehören außer ihrenVorgesetzten und ihren direkten Untergebenen zahlreiche andere. TMs bewegen sich routinemäßig außerhalb der formalen Befehlshierarchie. Sie treffen auch häufig mit Leuten zusammen, die unwichtige Außenseiter zu sein scheinen.
3. Das Themenspektrum ihrer Gespräche ist extrem breit. TMs beschränken sich nicht auf Planung, Strategie, Personalangelegenheiten und andere »Führungsgeschäfte«. Sie diskutieren so gut wie alles und jedes, so lange es nur im Entferntesten mit ihrem Geschäft und ihrer Organisation zu tun hat.
4. In diesen Unterhaltungen stellen TMs typischerweise sehr viele Fragen, manche sogar Hunderte in einer halben Stunde.
5. Während der Gespräche treffen TMs selten »große« Entscheidungen.
6. Diese Diskussionen enthalten in der Regel viele Scherze und

nicht zur Arbeit gehörende Themen. Oft werden Witze über andere im Unternehmen oder in der Branche gemacht. Weitere Gesprächsgegenstände sind die Familien und die Hobbys der Mitarbeiter, besonders deren sportliche Aktivitäten.

7. Ein nicht unbeträchtlicher Anteil der Begegnungen ist für das eigentliche Geschäft relativ unwichtig. TMs beschäftigen sich also regelmäßig mit Dingen, die sogar sie selbst als Zeitverschwendung betrachten.
8. In diesen Begegnungen geben die Führungskräfte selten Befehle im herkömmlichen Sinn. Das heißt, sie sagen den Mitarbeitern kaum direkt, was sie tun sollen.
9. Dennoch ist das Beeinflussen anderer eine der Hauptaktivitäten der TMs. Statt Anordnungen zu geben, gehen sie jedoch eher indirekt vor – sie fragen, bitten, schmeicheln, überzeugen, schüchtern ein.
10. TMs widmen ihre Zeit oft anderen auf deren Initiative hin. Ein Großteil ihres typischen Arbeitstags ist ungeplant. Selbst TMs mit einem randvollen Terminkalender haben am Ende des Tages meist viel Zeit mit Themen verbracht, die nicht offiziell geplant waren
11. Viel Zeit wird kurzen, unzusammenhängenden Unterhaltungen gewidmet. Die Diskussion eines Problemkreises dauert selten länger als zehn Minuten. Dagegen kommt es nicht selten vor, daß ein TM zehn verschiedene Themen in einer fünfminütigen Begegnung abhakt.
12. Topmanager arbeiten lange. Im Durchschnitt meiner Untersuchungen betrug die wöchentliche Arbeitszeit knapp 60 Stunden. Einige wenige arbeiten unter 55 Stunden die Woche. Obwohl sie einige Arbeit zu Hause und auf Reisen erledigen, verbringen sie die meiste Arbeitszeit in ihrem Unternehmen.

Diese Muster des alltäglichen Verhaltens werden weitgehend von anderen Untersuchungen zur Arbeitsweise von Managern[1] und insbesondere von Mitgliedern der höchsten Führungsebenen[2] bestätigt. Dennoch gilt die Beobachtung von Henry Mintzberg[3], daß dieses Verhalten zumindest auf den ersten Blick kaum mit den traditionellen Erwartungen an die Arbeit eines Topmanagers in Einklang zu bringen ist. Die einzelnen Aktivitäten lassen sich schwer Kategorien wie »Planen«, »Organisieren«, »Kontrollieren«, »Führen« etc. zuordnen.

Wenn man es versucht, kommt man zu zwei Schlüssen. 1. Das »Planen« und »Organisieren« dieser Leute scheint nicht sehr systematisch vonstatten zu gehen, sondern wirkt beinahe schlampig. 2. Ein Großteil des Verhaltens fällt in keine der formalen Kategorien der Führungsarbeit. Aber gerade die Tatsache, daß viele der Tätigkeiten scheinbar ungeplant, »aufs Geratewohl« ausgeführt werden, ist aus gutem Grund für die Arbeit heutiger Führungskräfte kennzeichnend.

Wie erfolgreiche Führungskräfte an ihre Arbeit herangehen

Um das Verhalten erfolgreicher Topmanager verstehen zu können, muß man sich zunächst die Arten von Anforderungen und Dilemmas klarmachen, mit denen Führungskräfte konfrontiert sind. Die grundlegenden Schwierigkeiten sind:

- trotz Ungewißheit, mannigfaltigen Entscheidungsfeldern und ungeheuren Mengen potentiell wichtiger Informationen zu entscheiden, was zu tun ist,
  und
- Dinge mit Hilfe einer großen und disparaten Menge von Menschen zu erledigen, obwohl man über die meisten von ihnen wenig direkte Kontrolle hat.

In komplexen Organisationen sind diese Herausforderungen weitaus größer, als die meisten Außenstehenden vermuten würden. Und die Auswirkungen dieser komplexen Anforderungen auf die Bewältigung der herkömmlichen Managementaufgaben wie Planung, Personalpolitik, Organisation, Leitung und Kontrolle sind sehr weitreichend.
Abbildung 7-1 faßt die für Manager typische komplexe und subtile Herangehensweise an die Aufgaben des Planens, Organisierens etc. zusammen. Die Arbeit des Spitzenmanagers muß der großen Ungewißheit ebenso wie der Mannigfaltigkeit und der schieren Menge der potentiell wichtigen Informationen Rechnung tragen. Es gilt, das schwierige menschliche Umfeld in den Griff zu bekommen; die Führungskraft muß komplexe und vielfältige Aufgaben erledigen,

Konsequenzen für traditionelle Managementfunktionen	Dilemmas: **Entscheiden, was zu tun ist** – trotz großer Ungewißheit und Mannigfaltigkeit sowie ungeheuren Mengen potentiell wichtiger Informationen.	**Dinge erledigen** – und zwar mit Hilfe einer großen und disparaten Menge von Menschen, obwohl man wenig direkte Kontrolle über die meisten von ihnen hat.
Planen	Gut zu planen ist in einem solchen Kontext sehr schwer. Es erfordert viel Zeit und Aufmerksamkeit, nicht nur eine Serie von Meetings einmal im Jahr. Man braucht gute Informationssysteme, um wichtige Daten von bloßem Rauschen zu unterscheiden.	Die Planung muß so durchgeführt werden, daß sie das ohnehin schwierige menschliche Umfeld nicht noch stärker belastet. Man muß daher sehr sorgfältig prüfen, was schriftlich festgelegt oder mündlich zugesagt wird.
Personalpolitik und Organisation	Eine Art fundierter Plan oder Orientierungspunkte sind wesentlich, sonst fehlt jegliche rationale Grundlage für »Personalpolitik« und »Organisation«.	Zu den Ressourcen, die für die Durchführung der Arbeit erforderlich sind, gehören viele Menschen außer den direkten Untergebenen. Auf diese zahlreichen Individuen muß auch eine gewisse Form von »Personalpolitik« und »Organisation« angewendet werden, die sich natürlich von den traditionellen, formalen Methoden unterscheidet.
Lenken und kontrollieren	Eine Art fundierter Plan oder Orientierungspunkte sind wesentlich, sonst ist es unmöglich zu wissen, wohin man in der Unzahl von Möglichkeiten seine Aufmerksamkeit richten und was man lenken und kontrollieren soll.	Ohne eine beträchtliche Zahl kooperativer Beziehungen zu Menschen, von denen man abhängig ist, ist man schlicht nicht in der Lage, zu lenken und zu kontrollieren.

Abb. 7-1: Konsequenzen des heutigen Tätigkeitsspektrums von TMs für traditionelle Managementfunktionen

obwohl sie von einer großen Zahl von Menschen abhängig ist, die zum großen Teil nicht ihre Untergebenen sind.
Eine eingehendere Betrachtung der Arbeit erfolgreicher Topmanager zeigt, daß es zwei wesentliche Elemente in ihrer spezifischen Herangehensweise an diese Herausforderungen gibt: *Agenden* und *Netzwerke*.

Agenden erstellen

Im ersten halben Jahr oder Jahr in einem neuen Job verwenden Topmanager für gewöhnlich sehr viel Zeit auf ihre Agenden. Später bleibt dies stets ein wichtiger, wenn auch weniger zeitaufwendiger Prozeß.
Die Tagesordnungen erfolgreicher Führungskräfte bestehen aus lose verbundenen Zielen und Plänen, die kurz-, mittel- und langfristige Reichweiten haben. Sie betreffen gewöhnlich ein breites Spektrum finanzieller, produkt- und marktbezogener sowie organisatorischer Themen. Die Gegenstände sind sowohl vage als auch spezifisch. Abbildung 7-2 stellt summarisch die typische Agenda eines TMs dar.
Obwohl die meisten Konzerne heute über formale Planungsprozesse mit schriftlichen Plänen verfügen, beinhalten die Agenden der TMs immer Ziele, Prioritäten, Strategien und Pläne, die nicht in diesen Dokumenten auftauchen. Damit will ich nicht sagen, daß die formalen Pläne mit den Tagesordnungen der TMs inkompatibel wären. Im allgemeinen stimmen sie weitgehend überein, aber es gibt mindestens drei entscheidende Unterschiede:

- Erstens sind formale Pläne meist detaillierte Zahlenwerke. Die Agenda des TMs ist typischerweise in den finanziellen Zielen weniger konkret, dafür jedoch in strategischen, geschäftlichen und personellen Fragen detaillierter.
- Zweitens konzentrieren sich formale Pläne ausschließlich auf kurz- und mittelfristige Ziele (drei Monate bis fünf Jahre), während TMs für einen breiteren Zeitrahmen planen, der sowohl die unmittelbare Zukunft (1–30 Tage) als auch große Zeiträume (5–20 Jahre) umfaßt.

- Drittens sind formale Pläne prinzipiell expliziter, strenger und logischer, besonders hinsichtlich des Zusammenspiels der verschiedenen finanziellen Dimensionen. TMs arbeiten oft mit Listen von Zielen und Plänen, die weniger stark miteinander verwoben sind.

Zeitrahmen	Schlüsselthemen		
	Finanziell	**Geschäftlich – Produkt und Markt**	**Organisatorisch Menschen**
Langfristig 5 bis 20 Jahre	Eine vage Vorstellung vom in 10 bis 20 Jahren angestrebten Umsatz bzw. ROI.	Eine vage Vorstellung von dem Geschäft (Produkte und Märkte), das der TM entwickeln möchte.	Vage; manchmal hat der TM eine gewisse Vorstellung von der Art von Unternehmen, das in Zukunft entstehen soll, und von dem Typus von Manager, der dafür gebraucht wird.
Mittelfristig 1 bis 5 Jahre	Eine ziemlich klar definierte Reihe von Zielen – Verkaufszahlen, Umsatz, ROI für die nächsten fünf Jahre.	Einige feste Ziele und Pläne für das Unternehmenswachstum, wie z. B.: (a) drei neue Produkte vor 1985 einführen, und (b) Akquisitionsmöglichkeiten in der Kommunikationsindustrie überprüfen.	Eine kurze Liste von Themen, wie z. B.: (a) bis 1983 werden wir eine tiefgreifende Reorganisation durchführen, und (b) bis 1984 haben wir Ersatz für Corey gefunden.
Kurzfristig 0 bis 12 Monate	Eine sehr detaillierte Liste von finanziellen Zielen für das Viertel- und das Gesamtjahr in allen finanziellen Bereichen: Vertrieb, Ausgaben, Gehälter, ROI etc.	Eine Gruppe von allgemeinen Zielen und Plänen, die auf folgendes ausgerichtet sind: (a) den Marktanteil verschiedener Punkte, und (b) die Lagerbestände von verschiedenen Produktlinien.	Eine Liste von Zielen wie: (a) einen Ersatz für Smith finden, so schnell es geht, und (b) Jones dazu bringen, einer aggressiveren Fünf-Jahres-Planung zuzustimmen.

Abb. 7-2: Typische Agenda eines Topmanagers

Führungskräfte beginnen mit dem Erstellen ihrer Agenden unmittelbar nach Antritt des Jobs – wenn nicht sogar davor. Sie benutzen ihre Kenntnisse des Geschäfts und der beteiligten Unternehmen ebenso wie die täglich neuen Informationen, um schnell eine grobe Agenda zu entwerfen. Diese enthält typischerweise eine zunächst unvollständige Reihe nur locker verknüpfter Punkte, dazu aber auch einige konkrete Strategien und Pläne. Mit zunehmenden Informationen werden die Agenden vervollständigt und enger miteinander verwoben.

Beim Sammeln der benötigten Informationen stützen sich erfolgreiche Topmanager stärker auf Gespräche als auf Bücher, Zeitschriften oder Berichte. Ihre Informanten sind vorzugsweise Menschen, mit denen sie persönliche Beziehungen haben, nicht unbedingt Leute in den »passenden« Arbeitsfunktionen (z. B. ein Planungsfachmann). Auf diese Art sammeln sie kontinuierlich Informationen, Tag für Tag, nicht nur in »offiziellen« Besprechungen. Sie lernen dabei viel, weil ihr vorhandenes Wissen über das Geschäft, das Unternehmen und über Management im allgemeinen ihre Fragen in die richtige Richtung lenkt. Mit anderen Worten: Sie finden im Getriebe ihres Arbeitsalltags Zeit, einige wenige entscheidende Fragen zu stellen; die so erhaltenen Informationen fließen in die Fortschreibung ihrer Agenden ein.

Dabei treffen erfolgreiche TMs ihre Entscheidungen sowohl bewußt (oder analytisch) als auch unbewußt (intuitiv). Dieser Prozeß läuft weitgehend innerlich ab – viele wichtige Themen erscheinen zunächst gar nicht auf der schriftlich fixierten Agenda. Bestimmte Aktivitäten werden danach gewählt, ob sie mehreren Zielen dienen, zu anderen Zielen und Plänen passen und gute Chancen der Verwirklichung haben. Projekte und Programme, die wichtig und logisch erscheinen, aber diese Kriterien nicht erfüllen, werden häufig aufgegeben oder zumindest mit Vorsicht behandelt.

Fast alle erfolgreichen TMs scheinen ihre Agenden in dieser Art zu entwickeln; die besten tun dies jedenfalls besonders konsequent und effizient. So haben die »exzellenten« Führungskräfte, die ich untersucht habe, ihre Agenden auf besonders langfristige und breit angelegte Unternehmensstrategien hin angelegt. Im Vergleich zu »nur durchschnittlichen« Spitzenmanagern nehmen »die Besten« aggressiver Informationen aus allen Quellen auf (»schlechte Nachrichten« inklusive), stellen ihre Fragen geschickter und realisieren erfolgreicher Programme und Projekte, die zugleich der Verwirklichung mehrerer Ziele dienen.[4]

Netzwerke knüpfen

Neben der Entwicklung ihrer Agenden widmen erfolgreiche Topmanager von Beginn ihrer Tätigkeit an beträchtliche Zeit und Anstrengungen der Aufgabe, ein Netzwerk von kooperativen Beziehungen zwischen den Menschen zu entwickeln, die sie zur Verwirklichung ihrer entstehenden Ziele und Pläne brauchen. Selbst nach den ersten zwölf Monaten beansprucht diese Tätigkeit noch einen großen Teil ihrer Zeit, aber im allgemeinen sind die ersten Monate im Job in dieser Hinsicht die intensivsten. Danach verschiebt sich der Schwerpunkt des TMs auf den *Einsatz* des Netzwerks zur Realisierung und Aktualisierung der Agenda.

Diese Entwicklung eines Netzwerks, wie ich sie aus eigener Beobachtung und vielfacher Beschreibung kennengelernt habe, reicht weit über die direkten Untergebenen hinaus. TMs entwickeln kooperative Beziehungen zu Gleichrangigen, Außenseitern, dem Chef ihres Chefs und Untergebenen ihrer Untergebenen. Sie knüpfen Beziehungen zu allen möglichen Menschen unter den Hunderten oder gar Tausenden, auf die sie wegen ihrer Tätigkeiten angewiesen sein können.

Ebenso wie sie eine Agenda schaffen, die sich von den offiziellen Plänen zwar unterscheidet, aber dennoch im Einklang mit ihnen steht, erzeugen sie ein Netzwerk, das ganz anders als die formalen Organisationsstrukturen gestaltet ist, aber dennoch im allgemeinen mit diesen vereinbar ist (siehe Abbildung 7-3).

In diesen großen Netzwerken variieren die Beziehungen nach Art und Intensität beträchtlich; einige sind viel stärker als andere, einige viel persönlicher etc. Tatsächlich ist in gewisser Weise jede Beziehung in einem Netzwerk einzigartig, weil es sich um einzigartige Menschen mit einer einzigartigen Geschichte handelt.

TMs entwickeln diese Netzwerke kooperativer Beziehungen, indem sie ein breites Spektrum von direkten *(face-to-face)* Methoden anwenden. Sie versuchen, sich andere Menschen zu verpflichten, indem sie ihnen Gefälligkeiten erweisen oder ihre formalen Beziehungen hervorkehren. Sie ermuntern andere durch ihr Auftreten und Handeln, sich mit ihnen zu identifizieren. Sie pflegen sorgfältig ihren professionellen Ruf. Sie bringen auch andere dazu, sich von ihnen hinsichtlich Ressourcen, Beförderungen und anderer Unterstützung besonders abhängig zu fühlen.

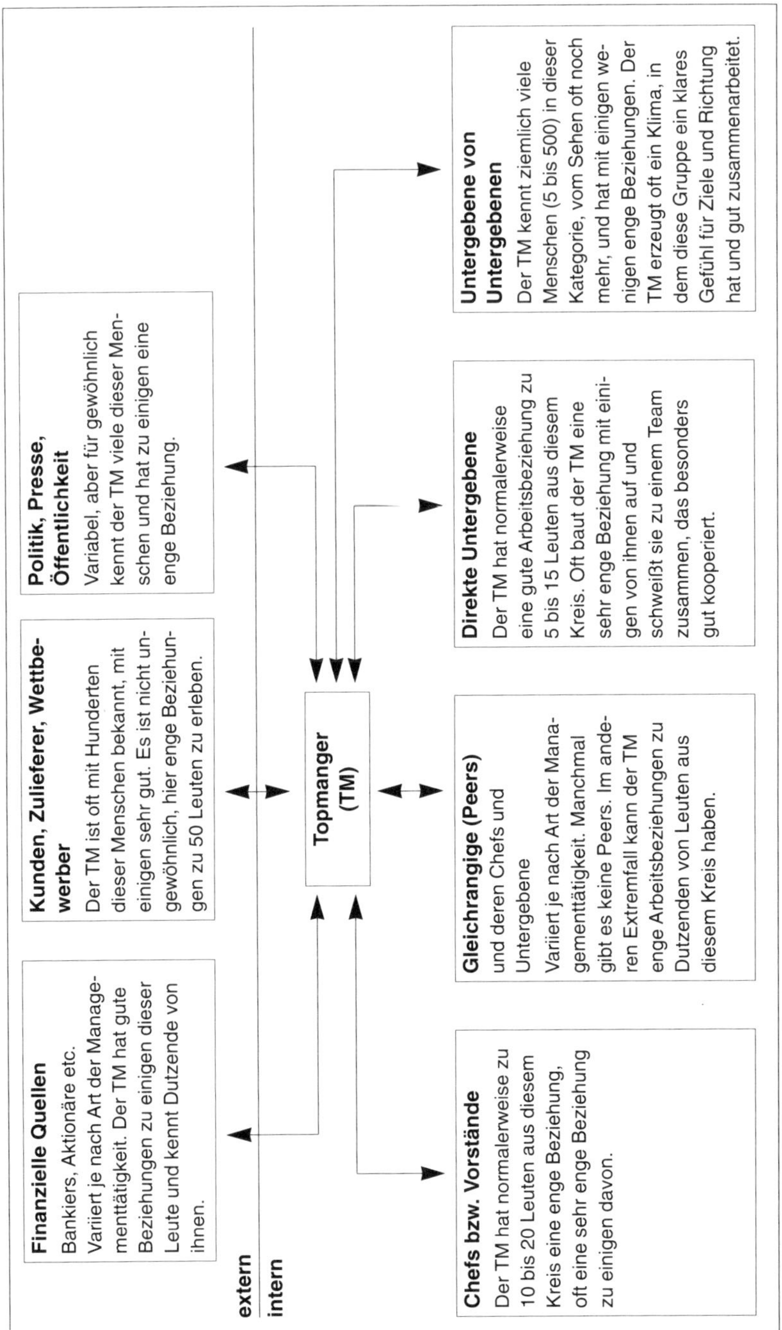

Abb. 7-3: Typisches Netzwerk eines Topmanagers

Zusätzlich zur Pflege der Beziehungen mit vorhandenem Personal entwickeln erfolgreiche TMs ihre Netzwerke häufig durch gezieltes Versetzen, Einstellen oder Entlassen von Mitarbeitern. Sie tun dies grundsätzlich zur Verbesserung ihrer Arbeitsbedingungen. Auf ähnliche Weise wechseln sie ihre Zulieferer und ihre Bankiers, pflegen Lobbyismus, um ihnen genehme Kollegen zu bekommen, und ändern sogar die Zusammensetzung ihrer Aufsichtsräte, um den eigenen Zugang zu wichtigen Ressourcen zu verbessern.
Des weiteren gestalten sie ihre Netzwerke auch, indem sie versuchen, bestimme Arten von Beziehungen *zwischen* den Menschen an verschiedenen Stellen des Netzwerks zu initiieren. Das heißt, sie schaffen die geeignete »Umwelt« (Normen und Werte), um ihre Agenden durchzusetzen. Typischerweise ist dies ein Umfeld und Klima, in dem die Leute bereit sind, hart für die Ziele des TMs zu arbeiten und im Interesse der gemeinsamen Sache zusammenzuarbeiten. In weniger häufigen Fällen versuchen TMs ein solches Klima unter Gleichberechtigten, Chefs oder Außenseitern zu erzeugen, meist aber unter ihren Untergebenen.
Fast alle TMs benutzen einen derartigen Prozeß der Netzwerkgestaltung, die erfolgreichsten aber wiederum am aggressivsten und effizientesten. »Exzellente« Führungskräfte weben Netze mit vielen talentierten Menschen, die starke Verbindungen untereinander und zu ihrem Chef haben. Dabei verwenden sie geschickt eine Vielzahl von Methoden. Die »guten« bis »befriedigenden« Topmanager verwenden tendenziell weniger Methoden, setzen sie weniger aggressiv ein und schaffen im Ergebnis auch nur schwächere Netzwerke.[5]

Ausführung: Mit Netzwerken Agenden umsetzen

Wenn ihre Netzwerke und Agenden weitgehend »stehen«, verschieben gute Führungskräfte den Schwerpunkt ihrer Aktivitäten auf die Umsetzung. Sie setzen ihre kommunikativen Fähigkeiten, finanziellen Ressourcen und Informationen ein, um Menschen auf verschiedene direkte und indirekte Weisen zu lenken.
Bei der Umsetzung ihrer Agenden bedienen sich TMs oft des gesamten ihnen zur Verfügung stehenden Netzwerks von Beziehungen. Sie nutzen nicht nur direkte Untergebene oder Vorgesetzte, sondern je-

den, der ihnen nützlich sein kann. Während der Zeit, die ich mit TMs verbracht habe, konnte ich beobachten, wie sie zur Erreichung ihrer Ziele Gleichgestellte, Mitarbeiter ganz anderer Unternehmensbereiche, Leute, die drei oder vier Hierarchieebenen unter ihnen standen, zwei oder drei Ebenen höher gestellte Vorgesetzte, Lieferanten oder Kunden, ja selbst Wettbewerber einspannten. Es gibt keine Gruppe von Menschen, die nicht eingesetzt wurde, und das Grundmuster blieb immer gleich: Der TM war der Ansicht, daß er in einer bestimmten Sache eingreifen mußte, die Teil seiner Agenda war. Also ging er wie folgt vor:

- Er sprach geeignete Leute an, oft optimal geeignete.
- Er wandte sich an Leute, die Teile seines Netzwerkes waren.
- Er versuchte dabei stets, mehrere Ziele auf einmal zu erreichen, ohne dabei aus Verschen wichtige Beziehungen im Netzwerk zu stören.

TMs schlagen Menschen häufig einfach vor, etwas zu tun, oder sie sprechen eine Bitte aus; dies funktioniert, wenn sie wissen, daß die Mitarbeiterin oder der Mitarbeiter aufgrund ihrer Beziehung einverstanden sein wird. Je nach Sachlage und Art der Beziehung verwenden sie in einigen Fällen auch ihr Wissen und ihre Informationen, um diese Leute zu überzeugen. Unter anderen Umständen können sie auch verfügbare Ressourcen einsetzen, um ein Geschäft auszuhandeln. Gelegentlich greifen sie auch auf Einschüchterung und Zwang zurück.

Erfolgreiche TMs nutzen ihre Netzwerke oft, um indirekten Einfluß auf Menschen auszuüben, auch auf Menschen, die nicht Teil dieses Netzwerks sind. In einigen Fällen überzeugen TMs einen Menschen aus ihrem Netzwerk, jemand anderen, der nicht dazugehört, zu einer bestimmten Handlung zu veranlassen. Noch indirekter bringen TMs manchmal eine Anzahl verschiedener Leute dazu, Schritte zu unternehmen, die zu Situationen führen, die andere Individuen beeinflussen. Das vielleicht häufigste Beispiel für solch eine indirekte Einflußnahme ist die Inszenierung eines bestimmten Ereignisses. In typischen Fällen beruft der TM eine Besprechung oder eine Reihe von Besprechungen ein und beeinflußt andere durch die Wahl der Teilnehmer, die Tagesordnung oder auch durch seine eigene Teilnahme.

Anders als bei direkter Einflußnahme erzielen TMs einen Großteil ihres eher indirekten Einflusses durch symbolische Methoden. D. h., sie benutzen Meetings, Strukturen, Sprache, Anekdoten über die Organisation, Zeit und Raum als Symbole, um indirekt wichtige Botschaften zu vermitteln.
Alle erfolgreichen TMs scheinen Dinge auf diese Art zu erledigen, die erfolgreichsten bedienen sich dieser Methoden aber häufiger und geschickter. Mit anderen Worten: Fähigere Führer mobilisieren mehr Menschen, bekommen mehr Dinge erledigt und verwenden dabei ein breiteres Spektrum von Beeinflussungstaktiken. Spitzenmanager schließlich fragen, ermutigen, schmeicheln, loben, belohnen, bitten und manipulieren andere in direkten Situationen mit dem größten Geschick; diese Elite setzt auch stärker auf indirekte Beeinflussung als der lediglich »gute« Manager, der über ein schmaleres Spektrum von Techniken verfügt und diese mit weniger Finesse einsetzt.[6]

Wie die Arbeit das Verhalten bestimmt

Der größte Teil des sichtbaren Verhaltensmusters eines TMs scheint eine direkte Konsequenz aus seiner – oder ihrer – Herangehensweise zu sein: Einige der Verhaltensmuster eines Topmanagers entspringen der Art, wie Agenden erstellt werden, wie Netzwerke aufgebaut werden, wie weitere Netzwerke zur Durchführung der Agenden benutzt werden, und wieder andere Verhaltensweisen hängen mit dem Arbeitsstil des Managers ganz allgemein zusammen.
Die meiste Zeit mit anderen zu verbringen (Muster 1) scheint eine natürliche Folge der grundsätzlichen Arbeitsauffassung des TMs und der zentralen Rolle des Netzwerkes von Beziehungen zu sein. Wie wir bereits sahen, entwickeln TMs ein Netzwerk von Beziehungen zu den Menschen, von denen sie abhängig sind. Mit Hilfe dieses Netzwerks erzeugen und aktualisieren sie ihre Agenden und arbeiten die Liste der Unternehmensaktivitäten ab. Da ihre gesamte Tätigkeit eine ständige enge Interaktion mit anderen bedingt, ist es nicht erstaunlich, daß TMs den größten Teil ihres Arbeitstags mit anderen verbringen.
Ebenso ist es nur konsequent, daß der TM viel Zeit mit anderen

Menschen als den eigenen Untergebenen oder dem direkten Vorgesetzten verbringt (Muster 2), da das Netzwerk prinzipiell alle Menschen enthält, von denen der TM abhängig ist. Weiterhin ist zu erwarten, daß in den alltäglichen Gesprächen ein sehr breites Spektrum von Themen abgedeckt wird (Muster 3), da in den Verantwortungsbereich des TMs lang-, mittel- und kurzfristige Aufgaben fallen.

Einige der anderen Muster scheinen eine direkte Konsequenz der Art und Weise zu sein, wie TMs ihre Agenden erstellen. Wie wir bereits sahen, gehört zu dieser Aufgabe, kontinuierlich von den Mitgliedern des Netzwerks Informationen einzuholen: TMs stellen normalerweise viele Fragen (Muster 4).

Wir haben ferner gesehen, daß TMs, wenn sie erst einmal in Besitz von Informationen sind, oft ungeschriebene Agenden verfassen, die nur in ihrem Kopf existieren (Muster 5).

Weiterhin sahen wir, daß das Knüpfen des Netzwerks ein breites Spektrum zwischenmenschlicher Taktiken erfordert. Da Humor und private Gespräche wirksame Mittel sein können, gute Beziehungen herzustellen und sie auch unter Streß aufrechtzuerhalten, sollten wir nicht überrascht sein, daß diese Mittel auch tatsächlich sehr oft angewendet werden (Muster 6). Weiterhin gehört es zur Aufrechterhaltung der Beziehungen, auch auf Themen einzugehen, die anderen Menschen wichtig sind (unabhängig von ihrer Rolle in geschäftlicher Hinsicht). Tatsächlich verbringen TMs auch viel Zeit mit Themen, die uns – und ihnen selbst – unwichtig scheinen (Muster 7).

Wie weiter oben gesagt, konzentrieren sich TMs nach der Einstiegsphase in ihre Tätigkeit auf die Implementierung ihrer Agenden. Dabei benutzen sie ein breites Spektrum direkter und indirekter Beeinflussungsmethoden. Befehle erteilen ist nur eine davon. Unter diesen Umständen erwartet man zu Recht, daß TMs selten anderen Befehle erteilen (Muster 8), sondern viel Zeit damit verbringen, andere zu beeinflussen (Muster 9).

Die Effizienz scheinbar ineffizienten Verhaltens

Von allen Mustern des alltäglichen Verhaltens, ist vielleicht am schwersten zu verstehen oder zu akzeptieren, daß die meisten Führungskräfte ihren Arbeitstag im voraus nicht sehr detailliert planen, sondern vielmehr reagieren (Muster 10), und daß ihre Gespräche kurz und unzusammenhängend sind (Muster 11). Zumindest oberflächlich betrachtet scheint dies besonders unprofessionell zu sein. Dabei sind gerade diese Verhaltensmuster die wichtigsten und erfolgreichsten von allen.

Ein typisches Beispiel für die Effizienz »reaktiven« Verhaltens ist das folgende: Auf seinem Weg zu einer Besprechung begegnete einem TM ein Mitarbeiter, der kein direkter Untergebener von ihm war. Er benutzte diese Gelegenheit, um in einem zweiminütigen Gespräch (a) zwei Fragen zu stellen, (b) ihre gute Beziehung zu verstärken, indem er ihn für eine kürzlich geleistete Arbeit lobte, und (c) den Mitarbeiter dazu zu bringen, für ihn eine Arbeit zu erledigen.

Seine innere Agenda führte ihn durch diese Begegnung und veranlaßte ihn, wichtige Fragen zu stellen und die Erledigung einer wichtigen Angelegenheit zu initiieren. Und dank seiner Beziehung zu diesem Mitglied seines Netzwerks bekam er die nötige Zusammenarbeit sehr schnell. Hätte er versucht, diese Begegnung zu planen, so hätte er eine Besprechung anberaumen und an ihr teilnehmen müssen, was ihn mindestens 15 bis 30 Minuten oder 750 bis 1500 Prozent mehr Zeit als diese Zufallsbegegnung gekostet hätte. Und wenn er nicht bereits eine gute Beziehung zu dieser Person gehabt hätte, wäre diese Besprechung womöglich noch länger oder erfolglos gewesen.

In ähnlicher Weise erlauben es Agenden und Netzwerke den TMs, kurze und unzusammenhängende Gespräche zu führen, die extrem effizient sein können. Die folgende Serie kurzer Diskussionen aus einem Arbeitstag von John Thompson, Divisionmanager bei einem Finanzdienstleistungskonzern, ist hierfür typisch. Das Gespräch fand morgens in Thompsons Büro statt; bei ihm waren zwei Untergebene, Phil Dodge und Jud Smith.

Thompson: »Was ist mit Potter?«
Dodge: »Er ist dabei.«
Smith: »Vergiß Chicago nicht.«

Dodge: »O ja.« [Macht sich eine Notiz.]
Thompson: »O. K. Und wie steht's mit nächster Woche?«
Dodge: »Alles klar.«
Thompson: »Gut. Ach übrigens: Wie geht's Ted?«
Smith: »Besser. Er ist seit Dienstag aus dem Krankenhaus. Phyllis meint, er sieht prima aus.«
Thompson: »Freut mich zu hören. Hoffentlich hat er keinen Rückfall.«
Dodge: »Bis heute nachmittag.« [Verläßt das Zimmer.]
Thompson: »O. K. [Wendet sich an Smith.] Sind wir soweit klar?«
Smith: »Ja.« [Er steht auf und will gehen.]
Lawrence: [Kommt vom Flur, bleibt in der Tür stehen und wendet sich an Thompson.] »Haben Sie die April-Zahlen schon gesehen?«
Thompson: »Nein, Sie?«
Lawrence: »Ja, vor fünf Minuten. Gut, bis auf CD, die 5 Prozent danebenliegen.«
Thompson: »Besser, als ich erwartet habe.«
Smith: »Ich wette, George ist glücklich.«
Thompson: [Lacht] »Wenn er glücklich ist, wird er's nicht mehr sein, nachdem ich mit ihm geredet habe.« [Turner, Thompsons Sekretärin, steckt den Kopf herein und sagt, daß Bill Larson am Telefon sei.]
Thompson: »Geben Sie das Gespräch rein. Können Sie George bitten, nachher mal vorbeizukommen?« [Die anderen gehen; Thompson telefoniert.] »Bill, Morgen, wie geht's? ... Ja ... tatsächlich? ... Nein, keine Angst. Ich glaube anderthalb Millionen. Ja ... O. K. ... Ja. Sally hat's gestern abend auch sehr gut gefallen. Vielen Dank noch mal. O. K. ... Tschüß.«
Lawrence: [Kommt zurück ins Büro.] »Was halten Sie von dem Gerald-Vorschlag?«
Thompson: »Gefällt mir nicht. Paßt nicht zu dem, was wir dem Unternehmen und Hines versprochen haben.«
Lawrence: »Ja, so seh' ich's auch. Was wird Jerry jetzt tun?«
Thompson: »Ich habe noch nicht mit ihm drüber geredet. [Wählt eine Nummer.] Mal seh'n, ob er da ist.«

Einem Außenstehenden erscheint diese Gesprächssequenz chaotisch, was aber nur daran liegt, daß ihm das Wissen der Beteiligten fehlt und er Thompsons Agenda nicht kennt. Der Außenseiter hat keine Ahnung, wer Potter, Ted, Phyllis, Bill Larson, Sally, Hines oder Jerry sind; er weiß weder, was mit »Chicago«, »April-Zahlen«, »CD« oder dem Gerald-Vorschlag gemeint ist, noch welche Rolle Potter und Hines in Thompsons Agenda spielen. Aber für jemanden, der dieses Wissen hat, sind die Unterhaltungen sinnvoll.

Vor allem aber sind diese Gespräche nicht nur »chaotisch«, sondern tatsächlich wunderbar effizient. In zwei Minuten hat Thompson folgendes erreicht:

1. Er erfuhr, daß Mike Potter bereit war, bei einem problematischen Kredit einzuspringen. Dieses Problem hätte Thompsons Plan ernsthaft gefährden können, das Geschäftsvolumen der Division auf einem bestimmten Gebiet zu steigern.
2. Er erinnerte einen seiner Manager daran, im Zusammenhang mit diesem Kredit jemanden in Chicago anzurufen.
3. Er stellte sicher, daß auch weiterhin in dieser Beziehung alles nach Plan lief. Für die kommende Woche waren vor allem zwei interne Besprechungen und eine Unterredung mit dem Kunden anberaumt.
4. Er erfuhr, daß es Ted Jenkins nach einer Operation wieder besser ging. Ted war ein Mitarbeiter Thompsons und spielte in seiner strategischen Planung (Leitung der Division in den nächsten zwei Jahren) eine wichtige Rolle.
5. Er fand heraus, daß das Einkommen der Division für April bis auf eine Abweichung im Plan lag; dies entlastete ihn von dem Problem des Monatseinkommens und gab ihm Raum, sich stärker um die Steigerung der Einkünfte auf einem bestimmten Gebiet zu kümmern.
6. Er initiierte ein Treffen mit George Masolia, um über die April-Zahlen zu sprechen. Thompson hatte bereits verschiedene Möglichkeiten für die CD-Produktlinie erwogen – hier wollte er unbedingt in die schwarzen Zahlen kommen, um die gesamte Division zu stärken.
7. Als Gefälligkeit lieferte er Bill Larson, einem gleichrangigen Kollegen in einem anderen Teil der Bank, einige Informationen. Larson hatte Thompson bereits früher sehr geholfen und versprach auch zukünftig eine wichtige Unterstützung zu bleiben.
8. Er rief Jerry Wilkins, einen seiner Untergebenen, an, um ihn nach dessen Reaktion auf einen Vorschlag einer anderen Division zu

fragen. Dieser Vorschlag gefiel Thompson nicht, weil er mit dem Fünf-Jahres-Gewinnziel seiner Division kollidieren konnte.

Zusammengefaßt verfügen John Thompson und die meisten anderen erfolgreichen TMs, denen ich begegnet bin, über eine herausragende Fähigkeit, die ein anderer Autor des *Harvard Business Review* wie folgt beschrieben hat: » [Manager ...] sind in der Lage, jeden Gegenstand aus der chaotischen Abfolge von zeitlichen und thematischen Splittern, die ihre Arbeitstage ausfüllen, zu ihrem Vorteil einzusetzen.«[7] Dies scheint für die besten unter den Topmanagern in ganz besonderem Maße zu gelten. Im Zentrum ihrer Fähigkeiten stehen ihre Netzwerke und Agenden. Letztere erlauben dem TM, auf opportunistische (und höchst effiziente) Weise auf den Fluß der Ereignisse zu reagieren, wobei er oder sie ständig weiß, daß dies alles innerhalb eines breiteren und rationaleren Systems geschieht. Die Netzwerke erlauben knappe (und sehr effiziente) Gespräche; ohne sie wären diese kurzen und doch sehr sinnvollen Unterhaltungen unmöglich. Zusammen ermöglichen Agenda und Netzwerk den Topmanagern eine solche Effizienz, daß sie ihre sehr anspruchsvolle Arbeit in weniger als 60 Stunden pro Woche machen können (Muster 12) – dank täglicher Verhaltensmuster, die auf den ersten Blick »unprofessionell« wirken.

Was sollten Topmanager tun?

Zu den wichtigsten Implikationen dieser Überlegungen gehören die folgenden:

1. Es ist wahrscheinlich sehr riskant, jemanden, nur weil er als »professioneller Manager« erfolgreich ist, mit einer Spitzenposition zu betrauen, in der er weder das Geschäft noch die beteiligten Menschen kennt. Wenn die betreffende Geschäftstätigkeit nicht gerade sehr leicht zu lernen ist, ist es für jeden sehr schwer, sich schnell und effizient einzuarbeiten, um eine gute Agenda zu erstellen. Und wenn die Situation nicht sehr übersichtlich ist, d. h., daß nur wenige Menschen beteiligt sind, dann ist es sehr schwer, ein starkes Netzwerk zu schaffen, um die Agenda umsetzen zu können.

Besonders Unternehmen in großen und komplexen Branchen sollten daher vorzugsweise ihren eigenen Führungsnachwuchs heranziehen. Viele Firmen behaupten heute, daß diese Aufgabe bei ihnen eine hohe Priorität habe, aber angesichts eines explodierenden Headhunter-Markts kann man nur folgern, daß entweder die Anstrengungen nicht groß genug sind oder viele Bemühungen erfolglos bleiben.

2. Kurse für Manager, ob in der Hochschule oder in der Industrie, legen wahrscheinlich zu viel Gewicht auf formale Werkzeuge sowie auf unzweideutige Probleme und Situationen mit stark vereinfachten menschlichen Beziehungen.
   Einige der gegenwärtig modischen Zeitmanagementprogramme sind gute Beispiele für das Problem: Auf der Basis simplifizierter Modelle der Arbeit eines Managers lehren diese Programme, man müsse andere Menschen und Probleme daran hindern, die eigene Arbeit zu »unterbrechen«. Häufig legen sie den zukünftigen Führungskräften nahe, kurze und unzusammenhängende Gespräche seien ineffizient. Man müsse sich disziplinieren, um die eigene Zeit nicht mit »irrelevanten« Menschen und Themen zu verschwenden. Mit anderen Worten: Sie raten den Leuten, sich anders zu verhalten als die erfolgreichen Manager in dieser Studie. Seminare über »Erfolgreiches Management von Besprechungen« sind wahrscheinlich genauso schlecht.
   Ein anderes Beispiel für inadäquate Ausbildung sind Trainingsprogramme für Führungskräfte, die an Hochschulen erdacht wurden und die den Schwerpunkt auf formale quantitative Werkzeuge legen. Diese Programme gehen – zumindest implizit – von der Vorstellung aus, daß solche Werkzeuge für eine hohe Leistung wesentlich seien. Alle Anzeichen sprechen dafür, daß sie zwar manchmal relevant, jedoch kaum zentral sind.
3. Menschen, die neu im Topmanagement sind, könnten wahrscheinlich schneller erfolgreich werden, als heute die Norm ist. Anfänglich braucht ein neuer TM beträchtliche Zeit, um Informationen zu sammeln, Beziehungen zu knüpfen, eine grundlegende Richtung für seinen oder ihren Verantwortungsbereich einzuschlagen und eine tragfähige Organisation zur Unterstützung dieses Weges aufzubauen. Während der ersten drei bis sechs Monate können Anweisungen von Vorgesetzten, bestimmte Aufgaben zu erledigen oder an »Lieblingsprojekten« zu arbeiten,

kontraproduktiv sein. Es sollte alles vermieden werden, was den Manager davon ablenkt, Agenden zu erstellen und Netzwerke zu knüpfen.

Positiv ausgedrückt, können die Vorgesetzten von TMs am Anfang am besten helfen, indem sie sich für eventuelle Anfangsprobleme der neuen Führungskraft sensibel zeigen und sie in jenen Bereichen unterstützen. Die Schwachpunkte sind oft sehr gut vorhersehbar. Hat jemand beispielsweise in ein- und derselben Funktion die Karriereleiter erklommen und ist in einer autonomen Division in die leitende Position gekommen (ein häufiger Fall, vor allem im Maschinenbau), wird er vermutlich Probleme mit dem Erstellen seiner Agenda bekommen, weil ihm detailliertes Wissen über die anderen Funktionen in der Division fehlt.

Hat jemand andererseits vorher viel Zeit im Dienstleistungsbereich, Personalwesen oder als Assistent verbracht und bekommt plötzlich Personalverantwortung für Hunderte oder Tausende von Menschen (kein seltener Fall in Dienstleistungsunternehmen), so wird er vermutlich zunächst Probleme mit dem Aufbau seines Netzwerks haben.

In beiden Fällen kann der Chef eines Topmanagers ein schützender Coach sein und Aktivitäten entfalten, die die neue Führungskraft aufbauen statt belasten.

4. Schließlich behindern aller Wahrscheinlichkeit nach die formalen Planungssysteme, in deren Rahmen viele TMs arbeiten müssen, eine effiziente Arbeit. Ein gutes Planungssystem sollte einem TM helfen, eine intelligente Agenda und ein starkes Netzwerk zu ihrer Umsetzung zu schaffen. Es sollte also den TM ermutigen, strategisch zu denken, sowohl lange Zeiträume als auch kurze Fristen im Auge zu haben und unabhängig vom Zeitrahmen finanzielle, produkt- und marktbezogene sowie organisatorische Dimensionen zu beachten. Des weiteren sollte es ein flexibles Werkzeug sein, das die Führungskraft unterstützend auch zum Aufbau eines Netzwerks verwenden kann. Es sollte dem TM Spielraum und Optionen geben, so daß er oder sie je nach erwünschtem Betriebsklima das System einsetzen kann, um die gesetzten Ziele zu erreichen.

   Leider tun viele der von Konzernen eingesetzten Planungssysteme nichts dergleichen. Statt dessen erlegen sie den TMs eine rigide Zahlenmühle auf. Wesentliches strategisches oder langfristiges

Denken wird dabei kaum unterstützt, das Schaffen und Erhalten von Netzwerken wird dagegen unnötig schwergemacht, indem überflüssiger Streß unter den Mitarbeitern erzeugt wird. Tatsächlich scheinen einige Systeme nichts zu leisten außer Papier zu produzieren – oft sehr viel Papier – und Führungskräfte von ihrer wirklich wichtigen Arbeit abzulenken.

Grundlage der Studie

Die Studie wurde zwischen 1976 und 1981 durchgeführt und konzentrierte sich auf eine Gruppe von erfolgreichen Spitzenmanagern aus neun Unternehmen. Ich untersuchte die Inhalte ihrer Tätigkeiten, wer sie waren und woher sie kamen, ihr Verhalten und wie alle diese Dimensionen sich in verschiedenen Unternehmensstrukturen und Branchen unterschieden.
Die Teilnehmer hatten alle multifunktionale Verantwortlichkeiten und Zuständigkeiten für Profit Center. Sie hatten in verschiedenen Städten quer durch die USA ihren Dienstsitz. Zu den betrachteten Branchen gehörten u. a. Banken, Beratungsunternehmen, Reifen- und Gummiproduzenten, Maschinenbauunternehmen, Zeitungen, Hersteller von Kopiergeräten, Investitionsmanagement-Firmen, Hersteller von Konsumgütern und andere. Von den Unternehmen, für die sie verantwortlich waren, erzielten einige Verkäufe zwischen 1 Million und 10 Millionen Dollar, weitere lagen zwischen 10 und 50 Millionen Dollar, 50 bis 100 Millionen Dollar sowie 100 Millionen bis 1 Milliarde Dollar, einige wenige über 1 Milliarde Dollar. Die Führungskräfte waren durchschnittlich 47 Jahre alt; ihr Verdienst betrug 1978 – ebenfalls im Durchschnitt – rund 150 000 Dollar per annum (das entspricht für 1982 deutlich über 200 000 Dollar). Allen wurde bei ihrer Auswahl eine gute Leistung in ihrem Job attestiert.
Die Datenerhebung umfaßte drei Besuche jedes TMs in einem Zeitraum von sechs bis zwölf Monaten. Jedes Interview dauerte mindestens fünf Stunden. Ich beobachtete die Alltagsroutine der TMs ungefähr 35 Stunden lang und interviewte jede der rund zwölf »Schlüsselpersonen«, mit denen die TMs zusammenarbeiteten, etwa eine Stunde lang. Die TMs füllten zwei Fragebögen aus und gaben mir wichtige Dokumente wie Geschäftspläne, Terminkalender und Jahresberichte. Aus diesen verschiedenen Quellen erhielt ich Informationen über Hintergrund, Persönlichkeit, Tätigkeit, Verhalten und Leistung der TMs. Weil die Datenerhebung für jeden einzelnen einen beträchtlichen Aufwand bedeutete, mußte ich die Anzahl der untersuchten TMs auf 15 beschränken.
Ich maß die Leistung der TMs durch eine Kombination von »harten« und »wei-

chen« Faktoren. Zu den ersteren gehörten die Wachstumsraten von Einkünften und Profiten, beide sowohl absolut als auch im Vergleich zu den geplanten Werten. Die letzteren beinhalteten die Meinungen von Menschen, die mit dem TM beruflich zu tun hatten (einschließlich Chefs, Untergebene und Gleichgestellte) sowie, so vorhanden, die Meinungen von Analysten. Nach dieser Methode beurteilte ich die meisten als »gut«, einige als »exzellent« und einige als »gut/zufriedenstellend«.

Anmerkungen

Strategien für den Wandel

1 Niccolò Machiavelli, *Der Prinz.*
2 Marvin Bower und C. Lee Walton, Jr., »Gearing a Business to the Future«, in: *Challenge to Leadership* (New York: The Conference Board, 1973) S. 126.
3 Zu weiteren Hinweisen auf die Häufigkeit von Anpassungen siehe Stephen A. Allen, »Organizational Choice and General Influence Networks for Diversified Companies«, *Academy of Management Journal* (September 1978), S. 341.
4 Siehe z. B. Robert A. Luke, Jr., »A Structural Approach to Organizational Change«, *Journal of Applied Behavioral Science* (September-Oktober 1973), S. 611.
5 Über Macht und Politik in Konzernen siehe Abraham Zaleznik und Manfred F.R. Kets de Vries, *Power and the Corporate Mind* (Boston: Houghton Mifflin, 1975), Kapitel 6, sowie Robert H. Miles, *Macro Organizational Behavior* (Pacific Palisades, Calif.: Goodyear, 1978), Kapitel 4.
6 Siehe Edgar H. Schein, *Organizational Psychology* (Englewood Cliffs, N.J.: Prentice-Hall, 1965), S. 44.
7 Siehe Chris Argyris, *Intervention Theory and Method* (Reading, Mass.: Addison-Wesley, 1970), S. 70.
8 Siehe Paul R. Lawrence, »How to Deal with Resistance to Change«, *Harvard Business Review* (Mai-Juni 1954), S. 49; Wiederabdruck als »HBR Classic« Januar-Februar 1969, S. 4.
9 Für eine weitere Darstellung von Widerstand aufgrund persönlicher Charakterzüge siehe Goodwin Watson, »Resistance to Change«, in: *The Planning of Change*, hrsg. von Warren G. Bennis, Kenneth F. Benne und Robert Chin (New York: Holt, Rinehart, and Winston, 1969), S. 489.
10 Peter F. Drucker, *The Practice of Management* (New York: Harper and Row, 1954).
11 Für eine allgemeine Darstellung von Widerstand und seinen Gründen siehe Kapitel 3 von Gerald Zaltman und Robert Duncan, *Strategies for Planned Change* (New York: John Wiley, 1977).
12 Siehe z.B. Alfred J. Marrow, David F. Bowers und Stanley E. Seashore, *Management by Participation* (New York: Harper and Row, 1967).
13 Zaltman und Duncan, *Strategies for Planned Change*, Kapitel 4.
14 Eine ausgezeichnete Darstellung des Themas Verhandlung findet sich bei Gerald I. Nicrenberg, *The Art of Negotiating* (Birmingham, Ala.: Cornerstone, 1968).

15 Siehe John P. Kotter, »Power, Dependence and Effective Management«, *Harvard Business Review* (Juli-August 1977), S. 125.
16 Ebenda, S. 135.
17 Siehe Larry E. Greiner, »Patterns of Organization Change«, *Harvard Business Review* (Mai-Juni 1967), S. 119; und Larry E. Greiner und Louis B. Barnes, »Organization Change and Development«, in: *Organizational Change and Development*, hrsg. von Gene W. Dalton und Paul R. Lawrence (Homewood, Ill.: Irwin, 1970), S. 3.
18 Zu einem guten Ansatz über den Versuch, Widerstand zu minimieren, siehe Renato Tagiuri, »Notes on the Management of Change: Implication of Postulating a Need for Competence«, in: John P. Kotter, Leonhard A. Schlesinger, und Vijay Sathe, *Organization* (Homewood, Ill.: Irwin, 1979).
19 Jay W. Lorsch, »Managing change«, in: *Organizational Behavior and Administration*, hrsg. von Paul R. Lawrence, Louis B. Barnes und Jay W. Lorsch (Homewood, Ill.: Irwin, 1976), S. 676.
20 Ebenda
21 Ebenda
22 Michael Beer, *Organization, Change and Development: A Systems View* (Pacific Palisades, Calif.: Goodyear, 1980).

Macht, Abhängigkeit und erfolgreiches Management

1 Charles A. Reich, *The Greening of America: How the Youth Revolution Is Trying to Make America Liveable* (New York: Random House, 1970).
2 Siehe Leonard R. Sayles, *Managerial Behavior: Administration in Complex Organization* (New York: McGraw-Hill, 1964) sowie Rosemary Stewart, *Managers and Their Jobs* (London: Macmillan, 1967) und *Contrasts in Management* (London: McGraw-Hill, 1976).
3 Ich spreche über die scheinbar unerklärlichen Unterschiede, die Henry Mintzberg untersucht hat; siehe seinen Beitrag »The Manager's Job: Folklore and Fact«, *Harvard Business Review* (März-April 1990), S. 163.
4 Diese Kategorien ähneln den fünf, die John R. P. French und Bertram Raven entwickelt haben. Siehe »The Base of Social Power«, in: *Group Dynamics: Research and Theory*, hrsg. von Dorwin Cartwright und Alvin Zandler (New York: Harper and Row, 1968), Kapitel 20. Drei dieser Kategorien weisen wiederum Ähnlichkeiten zu den Typen der »autoritätsbasierten« Macht auf, die Max Weber in seinem Werk *Wirtschaft und Gesellschaft* beschrieben hat – amerikanische Ausgabe: *The Theory of Social and Economic Organization* (New York: Free Press, 1947).
5 Eine exzellente Darstellung dieser Methode findet sich bei Richard E. Neustadt, *Presidential Power* (New York: John Wiley, 1960).
6 Siehe Edward C. Banfield, *Political Influence* (New York: Free Press, 1965), Kapitel 11.
7 Siehe David C. McClelland und David H. Burnham, »Power Is the Great Motivator«, *Harvard Business Review* (März-April 1976), S. 100.

Was erfolgreiche Topmanager wirklich tun

1 Beispielsweise Sune Carlson, *Executive Behavior: A Study of the Work Load and the Working Methods of Managing Directors* (Stockholm, Schweden: Stromberg, 1951); Thomas Burns, »Management in Action«, *Operational Research Quarterly* 8 (1957); Rosemary Stewart, »To Unterstand the Manager's Job: Consider Demands, Constraints, Choices«, *Organizational Dynamics* (Frühjahr 1976), S. 22; Michael Cohen und James March, *Leadership and Ambiguity* (New York: McGraw-Hill, 1974); R. Dubin und S. L. Spray, »Executive Behavior and Interaction«, *Industrial Relations* 3 (1964), S. 99; sowie E. Brewer und J. W. C. Tomlinson, »The Manager's Working Day«, *Journal of Industrial Economics* 12 (1964), S. 191

2 Siehe Morgan McCall, Ann Morrison und Rober Hannan, »Studies of Managerial Work: Results and Methods«, *Technical Report* No. 9 (Greensboro, N. C.: Center for Creative Leadership, 1978). Dieser hervorragende Bericht faßt Dutzende von verschiedenen Studien zusammen, von Sune Carlsons bahnbrechender Veröffentlichung aus dem Jahr 1951 bis zu jüngeren Arbeiten von Mintzberg, Stewart und anderen.

3 Siehe »The Manager's Job: Folklore or Fact«, *Harvard Business Review* (Juli-August 1975), S. 49.

4 Obwohl diese Verhaltensmuster in der heutigen Managementliteratur kaum zur Sprache kommen, läßt sich aus anderen Studien schließen, daß sich TMs in der Tat so verhalten. Siehe z. B. James Brian Quinn, *Strategies for Change: Logical Incrementalism* (Homewood, Ill.: Richard D. Irwin, 1980); Henry Mintzberg, *The Nature of Managerial Work* (New York: Harper and Row, 1973); H. Edward Wrapp, »Good Managers Don't Make Policy Decisions«, *Harvard Business Review* (September-Oktober 1967), S. 91; Charles Lindblom, »The Science of ‚Muddling Through', *Public Administration Review* 19 (1959), S. 79; James March und Herbert Simon, *Organizations* (New York: John Wiley, 1958); Chester Barnard, *The Functions of the Executive* (Cambridge: Harvard University Press, 1939); Rosemary Stewart, »Managerial Agendas – Reactive or Proactive«, *Organizational Dynamics* (Herbst 1979), S. 34; Frank Aguilar, *Scanning the Business Environment* (New York: Macmillan, 1967); und Michael McCaskey, »A Contingency Approach to Planning: Planning with Goals and Planning without Goals«, *Academy of Management Journal* (Juni 1974), S. 91.

5 Obwohl es nicht sehr viele entsprechende Hinweise gibt, lassen sich doch einige Ergebnisse finden, die mit unserer Untersuchung übereinstimmen. Siehe z. B. John F. Gabarro, »Socialization at the Top – How CEOs and Their Subordinates Evolve Interpersonal Contacts«, *Organizational Dynamics* (Winter 1979), S. 2; Jeffrey Pfeffer und Jerry Salancik, »Who Gets Power and How They Hold on to it«, *Organizational Dynamics* (Winter 1977), S. 2; mein Aufsatz »Power, Dependence, and Effective Management«, *Harvard Business Review* (Juli-August 1977), S. 125; Melville Dalton, *Men Who Manage* (New York: John Wiley, 1959); sowie Richard Tanner Pascale und Anthony G. Athos, *The Art of Japanese Management* (New York: Simon & Schuster, 1981).

6 Auch dieses Verhalten ist in der Management-Literatur diskutiert wor-

den, wenn auch nicht sehr intensiv. Siehe vor allem die Arbeiten von Thomas J. Peters und Jeffrey Pfeffer; z. B. Thomas J. Peters, »Symbols, Patterns, and Settings: An Optimistic Case for Getting Things Done«, *Organizational Dynamics* (Herbst 1978); und Jeffrey Pfeffer, »Management as Symbolic Action«, in *Research in Organizational Behavior*, Bd. 3, hrsg. von L. L. Cummings und Barry M. Staw (Greenwich, Conn.: JAI Press, 1980); des weiteren M. Andrew Pettigrew, *The Politics of Organizational Decision Making* (London: Tavistock Publications, 1973); und meinen Aufsatz »Power, Dependence, and Effective Management«, *Harvard Business Review* (Juli-August 1977), S. 125.

7 Thomas J. Peters, »Leadership: Sad Facts and Silver Linings«, *Harvard Business Review* (November-Dezember 1979), S. 164.

Über den Autor

John P. Kotter ist der *Konosuke Matsushita Professor of Leadership* an der Harvard Business School. Er studierte am MIT und in Harvard und lehrt seit 1972 an der Harvard Business School. Dort erhielt er im Alter von 34 Jahren 1981 einen Lehrstuhl mit *tenure* (lebenslanger Festanstellung). Damit war er in der Geschichte von Harvard einer der Jüngsten, dem diese Ehre zuteil wurde.

Seit 1968 ist Professor Kotter als Berater und öffentlicher Sprecher für mehr als 400 Firmen und Organisationen tätig . Er war darüber hinaus Mitglied des Army Science Board sowie der Aufsichtsräte von AMI Corporate College, McBer und Scitex America. Zu seinen Beratungskunden aus produzierenden Industrien und Dienstleistungsbranchen gehören unter anderem Advanced Micro Devices, Aluminum Company of America, American Express, Applicon, Australian Institute of Management, Avon, Bank of Ireland, Barclays, Baxter Healthcare, Coca-Cola, Digital Equipment, First Union, General Electric, General Mills, General Motors, Goodrich, Harris Corporation, Honeywell, IBM, Johnson & Johnson, Marriott, McDonnell Douglas, Merrill Lynch, Mobil, Monsanto, Motorola, NCR, New York Life Insurance, KPMG Peat Marwick, PepsiCo, Phillips, Price Waterhouse, Reebok International, RJR Nabisco, Shell Oil, Sony Southwestern Bell und Time.

Professor Kotter ist Autor mehrerer Bücher, darunter *Matsushita Leadership: Lessons from the* 20th *Century's Most Remarkable Entrepreneur* (1997), *Leading Change* (1996), *The New Rules: How to Succeed in Today's Post-Corporate World* (1995), *Corporate Culture and Performance* (zusammen mit James L. Heskett, 1992), *A Force for Change: How Leadership Differs from Management* (1990), *The Leadership Factor* (1988), *Power and Influence: Beyond Formal Authority* (1985) und *The General Managers* (1982). Er hat des weiteren zwei sehr erfolgreiche Videos für die

Manager-Schulung entwickelt: *Leadership* (1991) und *Corporate Culture* (1993). Seine Bücher sind in mehr als 50 Sprachen übersetzt worden; der Gesamtverkauf seiner Werke beträgt fast eine Million Stück.

John P. Kotter erhielt zahlreiche Ehrungen; unter anderem belegte er den ersten Platz in der Financial Times, Booz-Allen Global Business Book Competion, und wurde mit einem Exxon Award for Innovation in Graduate Business School Curriculum Design, einem Johnson, Smith & Knisely Award for New Perspectives in Business Leadership und einem McKinsey Award für den besten *Harvard Business Review*-Artikel ausgezeichnet.

Professor Kotter lebt mit seiner Frau Nancy und den Kindern Caroline und Jonathan in Cambridge, Massachusetts, und in Ashland, New Hampshire.

Register